80년대 경남
독재와 맞선 사람들

80년 민주화의 봄부터 87년 유월항쟁까지

초판 1쇄 발행 2020년 11월 20일

지은이   김주완

펴낸이   구주모
편집책임   김주완
표지·편집   송은정
유통·마케팅   정원한

펴낸곳   도서출판 피플파워
주소   (우)51320 경상남도 창원시 마산회원구 삼호로38(양덕동)
전화   (055)250-0190
홈페이지   www.idomin.com
블로그   peoplesbooks.tistory.com
페이스북   www.facebook.com/pepobooks

ISBN   979-11-86351-31-4 (03910)
이 도서의 국립중앙도서관 출판예정도서목록(CIP)은 서지정보유통지원시스템 홈페이지(http://seoji.nl.go.kr)와
국가자료공동목록시스템(http://www.nl.go.kr/kolisnet)에서 이용하실 수 있습니다. (CIP제어번호 : CIP2020048164)

80년대 경남
독재와 맞선 사람들

80년 민주화의 봄부터 87년 유월항쟁까지

김주완 지음

목차

4

8

1987년은 서울만 겪은 것이 아니다

30여 년 전, 우리의 요구는 정말 소박했다. "노동자도 인간이다. 인간답게 살고 싶다"가 87년 노동자 대투쟁 기간 내내 가장 많이 외친 구호였다. 그보다 앞선 6월항쟁에서도 핵심요구는 '대통령 직선제 쟁취'였고, 구호는 '호헌철폐' '독재타도'였다.

지금 생각해보면 너무나 단순하고도 당연한 요구였지만, 그걸 쟁취하기 위해 엄청난 양의 최루탄 가스를 들이마셔야 했고, 수많은 사람이 죽고 다치거나 경찰에 끌려가 얻어맞아야 했다.

그 결과 전두환·노태우의 6.29항복선언을 받아냈고, 비록 양김(김대중 김영삼) 분열로 노태우 정권이 이어지긴 했으나 이후 김영삼의 문민정부를 거쳐 김대중·노무현 정부가 탄생할 수 있었던 것도 1987년의 항쟁이 없었다면 불가능했을지 모른다.

또한 2017년~2018년 촛불혁명과 박근혜 대통령 탄핵 및 구속, 문재인 정부의 탄생 또한 1987년으로부터 이어져온 국민적 항쟁의 완결판이라 볼 수도 있다.

• 6월항쟁의 수혜자들 = 1987년 항쟁 이후 많은 사람이 많은 분야에서 수혜를 입었다. 386 정치인들은 물론이고. 세월을 잘 만나 시의원이 되고 군의원이 되고, 민선 시장·군수가 되고 도지사·교육감이 된 분들도 6월항쟁 덕분에 부활한 지방자치·교육자치의 수혜자라 볼 수도 있다.

언론도 마찬가지다. 지금 내가 재직하고 있는 〈경남도민일보〉의 창간 자체도 6월항쟁이 없었다면 가능하지 않았을 것이다. 당시 전두환 정권의 언론통폐합에 의해 '1도 1사'의 혜택을 누렸던 〈경남신문〉도 마찬가지다. 언론노동조합이 결성되고 나름대로 이만큼의 편집권 독립을 누릴 수 있는 것도 그때 '관제언론 타도'와 '언론자유 보장'을 외쳐준 시민들이 없었다면 가능했을까.

하지만 불행하게도 당시 유일한 지역신문의 보도는 철저히 반反시민, 친親독재로 일관했다.

경찰의 고문으로 살해된 고 박종철군의 49재에 맞춰 열린 '3·3추모 평화대행진' 당일 이 신문의 사설 제목은 '가두시위 언제까지 - '3·3 정

치 대행진'의 우려였다. 이 사설은 "이른바 '3·3대행진'은 정치적 위기감
을 부채질하면서 가뜩이나 스산한 국민들의 가슴에 또 한 차례 불안한
회오리 바람을 몰아붙였다"고 주장하고 있다. 또 전두환이 4·13 호헌조
치를 발표한 날에는 사회면 머리기사로 '안보·안정 다지는 불가피한 조
치'라는 타이틀과 '전 대통령 특별담화 각계반응'이라는 명패 아래 '점진
적 민주화 개혁 큰 기대' '국력낭비·군론분열 막을 결단' '정치·경제발전
새 계기 삼아야'라는 부제로 정권에 아부하고 있다.

• 시민 배신한 지역언론 = 뿐만 아니라 끊임없이 대검과 치안본부 등
공안기관의 '시위 엄단' 방침을 1면과 사회면에 대서특필하면서 대학가의
시위를 '지성에 먹칠한 폭력시위'5월 7일자 사설라고 매도했다. 6월항쟁이 본격
적으로 불붙은 6·10대회 전날에는 '불법집회 국민이 용납못한다'는 사설
로 시위 저지에 안간힘을 썼으며, 남홍 논설위원이 쓴 '경남시론 - 국민은
길거리정치를 원치 않는다'는 글을 통해 노태우를 대통령 후보로 선출하
는 민정당 전당대회를 '민족사적인 과업'으로 치켜세우면서 "민정당 전당

대회일에 재야, 민주당이 소위 '국민대회'를 여는 것은 정치도의를 외면한 책동이라 아니할 수 없는 것"이라고 강변한다.

10일 노태우가 대통령 후보로 확정된 날 사설은 '민주정착의 역사적 전환점 - 노태우 민정당 대통령 후보에 큰 기대'였다.

그러나 같은 날 전국에 생중계 중이던 한국 대 이집트 간의 국제 축구경기가 중단되고 3만 명이 시위를 벌인 마산 6·10대회를 사회면 2단 크기로 이렇게 보도하고 있다.

'한(韓)·에(埃)축구경기 중단, 차량방화 기물 파손' '마산서도 시위…시민반응 냉담'

그날 사설에서는 '6·10 이후의 정국'이라는 제목 아래 "시위와 저지의 악순환은 여야 공히 도움되는 것은 없고 국민들의 불신만 높여줄 뿐이다. 그리고 우리의 헌정사를 뒤돌아볼 때 대통령 단임의 확정만 해도 획

기적인 정치발전이 아니겠는가. 욕심을 부리자면 한이 없는 것이고, 우리가 분수를 알아야 할 것이 아니겠는가"라고 설파했다.

그러나 이같은 언론의 왜곡보도는 오히려 시민의 불타는 가슴에 기름을 끼얹은 격이 됐다. 민주헌법쟁취국민운동 경남본부는 〈민주경남〉이라는 유인물 형식의 소식지를 만들어 6·10대회를 전하면서 관제언론을 질타했다.

•독재정권에 결정타 날린 경남 = 시민들의 투쟁은 노태우가 6·29선언을 발표하기 하루 전날까지 계속됐다. 특히 경남지역의 투쟁은 6월항쟁을 승리로 이끄는 데 결정적인 기여를 했다. 6월 10일 마산에서 한국 - 이집트간 축구대회가 최루탄 가스에 중단되는 장면이 전국에 생중계됨으로써 전국민적 참여를 확산시키는 촉매제가 된 데 이어, 17일 진주에서 고속도로를 점거하는가 하면 LPG차 2대를 탈취, 경찰과 대치한 사건은 시위가 혁명적 양상으로 전환하는 결정적 계기가 됐다. 경상대생들은 고속도로에서 LPG차량에 올라 횃불을 들고 '죽자, 죽자'를 외치며 시

내 쪽으로 나아갔다.

진주의 LPG 차량시위는 이튿날 〈조선일보〉 1면과 사회면에 머리기사로 대서특필되면서 정권의 간담을 서늘하게 만들었다. 마산에서도 26·27·28일 시위에 리어카 행상과 택시노동자, 술집에서 나온 주당들까지 가세하면서 돌과 각목·화염병이 등장하는 등 혁명적 상황으로 번져 나갔다.

이처럼 시위가 혁명으로 진화되는 조짐을 보이자 위기감을 느낀 전두환 정권은 결국 노태우를 앞세워 8개 항의 요구를 수용하는 모습을 취하기에 이른다. ① **대통령직선제 개헌을 통한 1988년 2월 평화적 정권이양** ② **대통령선거법 개정을 통한 공정한 경쟁 보장** ③ **김대중(金大中)의 사면복권과 시국관련사범들의 석방** ④ **인간존엄성 존중 및 기본인권 신장** ⑤ **자유언론의 창달** ⑥ **지방자치 및 교육자치 실시** ⑦ **정당의 건전한 활동 보장** ⑧ **과감한 사회정화조치의 단행**이 그것이었다.

시민과 학생들이 6월항쟁 승리의 기쁨에 일시 도취해 있는 동안 이 과정에서 각성한 노동자들은 보다 근본적인 민주화 투쟁에 돌입한다. 이

것이 바로 9월까지 계속된 7·8·9 노동자 대투쟁이다. 이 투쟁으로 인해 해방 이후 변혁운동의 주체였던 학생들을 대신하여 노동자가 역사발전의 주축으로 새롭게 자리잡았다. 이처럼 6월항쟁이 87년의 1단계 민주항쟁이었다면, 노동자 대투쟁은 보다 근본적인 민주주의를 쟁취하려는 2단계 항쟁이었다. 따라서 1·2단계 항쟁은 한국사회 민주화의 단계에서 따로 떼어놓을 수 없는 역사적인 사건이다.

그로부터 30년이 지나 우리 국민은 '87년 체제'에서 이루지 못한, 더욱 근본적인 민주주의를 요구하며 그때보다 훨씬 많은 시민들이 촛불을 들었다. 그 결과 우리는 대통령 탄핵과 구속, 조기 대선, 민주정부 창출을 이뤄낼 수 있었다.

영화 〈1987〉이 개봉되면서 많은 사람들, 특히 1987년을 경험하지 못한 젊은 세대들도 2016~2017 촛불혁명이 80년대의 폭압적인 대국민 감시체제 하에서도 독재권력에 저항해온 사람들과 연결되어 있다는 걸 실감하고 있다. 그러나 영화는 그 시대의 한 부분적 단면을 보여줄 뿐 전체를 담지 못한다. 특히 마지막 부분에서 전국 몇몇 대도시에서도 항쟁이 있었다는 것을 몇 개의 사진으로 보여주지만, 서울을 제외한 지역의 상황은 대부분 생략되었다.

뿐만 아니라 1987년 이전, 즉 1979년 부마민주항쟁과 박정희의 사망, 전두환의 등장과 권력 찬탈, 1980년 5월 광주민중항쟁을 거치면서 학생과 시민 등 각 부문별 저항이 어떻게 조직되고 발전해왔는지도 알 길이 없다. 박종철 고문치사와 이한열 열사의 죽음이 6월항쟁의 결정적 도화선이 된 것은 맞지만, 자칫 영화만 보면 그것만이 항쟁의 원인이었던 것으로 착각할 우려도 있다.

그래서 서울이 아닌 지역에서 1980년대 독재에 저항한 사람들의 기록이 반드시 필요하다는 생각이 들었다. 특히 경남은 당시 부산과 더불어 1987년 6월 14일 서울 명동성당 농성이 해산되면서 소강상태였던 시위에 기름을 붓는 15~18일 시위로 전국에 충격을 줬다. 이는 전국 언론에 대서특필되었고, 〈워싱턴포스트〉 등 외신에도 크게 보되었다. 이후 전국의 시위가 더 확산되었음은 물론이다.

　나는 이 글에서 80년대 경남의 각 부문별 민주화운동과 거기에 참여했던 사람들 및 단체, 억압과 저항의 역사를 다룰 것이다. 비록 내가 살아온 경남의 기록이긴 하지만, 서울 이외에도 이렇게 수많은 사람들이 있었다는 걸 알 수 있는 역사기록물이 될 것이다.

　다행히 박진해·박영주 형을 비롯한 많은 분으로부터 귀중한 자료를 제공받았다. 87년 당시에는 신문 지면을 통해 보도하진 못했지만, 취재노트에 꼼꼼히 적어둔 기록을 제공해준 경남신문 관계자에게도 고마움을 전한다.

　나름 여러 기록과 증언을 토대로 당시 상황을 재구성하려 노력했지만, 빠진 부분도 적지 않을 것이다. 앞으로도 계속 보완된 기록이 나와주길 기대한다.

김주완

1장

80년 짧았던 민주화의 봄

1979년 10월 26일 독재자 박정희가 죽었다. 총을 쏜 사람은 중앙정보부장 김재규였지만, 그의 '거사'를 있게 한 것은 부산·마산시민의 10월 민주항쟁이었다. 사람들은 이제 18년 유신독재가 끝나고 민주화된 세상이 올 줄로 믿었다. 하지만 뭔가 이상했다. 11월 24일 유신독재 부활조짐을 경고한 '명동 YWCA 위장결혼식 사건' 참석자들을 무더기 구속시키더니, 12월 12일에는 전두환 일당이 기어이 군사쿠데타를 일으켰다.

짧았던 민주화의 봄

이때까지만 해도 사람들은 민주화의 봄에 대한 기대를 포기하지 않았다. 실제로 80년 봄이 되자 대학가와 노동계가 달아오르기 시작했다.

당시 군부와 최규하 정권은 기존 학도호국단 체제를 그대로 유지한채 간부선임권만 선거 체제로 바꾸도록 했다. 그러나 학생들은 이를 거부하고 총학생회 부활을 밀고 나갔다.

경상남도에서도 3·4월 경남대학교와 경상대학교에 각각 '총학생회 부활 추진위원회'가 구성되고 최초의 직선 총학생회장을 선출했다. 경남대는 4월 4일 이용석법학과 3학년 씨, 경상대는 같은 달 중순 정민화임학과 3학년 씨가 각각 선출됐다.

그러나 경남대 학생들의 시위는 직선 총학생회가 출범하기도 전, 다소 엉뚱한 데서부터 시작됐다. 3월 25일자 서울 연세대학교 학보 〈연세춘추〉에 실린 기사가 발단이었다. '4·19 불붙었던 마산, 이제는 퇴폐적 유흥도

시로'라는 제목의 기사가 학생들의 자존심에 불을 지른 것.

4월 1일 국어교육학과가 주축이 된 200여 명의 학생들은 본관 앞에
서 성토대회를 열어 마산의 대학생과 마산시민들을 의도적으로 모욕했
다고 주장했다. 이어 2일에는 무려 3000여 명이 모여 연세대 총장 화형
식을 갖고, 총장 사퇴와 전 매스컴을 통한 공개사과문 게재, 신문의 회
수 등을 요구하는 결의문을 채택했다. 4일에도 2000여 명의 학생들이 성
토대회를 갖고 가두까지 진출, 시위를 계속했으며, 같은 날 부산대에서도
마산 출신 학생 200여 명이 모여 '마산시민을 모독한 연세춘추의 왜곡보
도 규탄대회'를 열었다. 이 사태는 8일 연세대 부총장 일행이 경남대와
마산시를 방문, 공식 사과함으로서 일단락된다.

80년 5월 교문 밖으로 진출하는 경남대 학생들.

〈연세춘추〉 사태 한 달 뒤인 5월 7일, 경남대에서는 총학생회 주최로 부마항쟁 이후 처음으로 민주화를 내건 시위가 벌어진다. 경남대생 1000여 명은 학교 운동장에서 '비상계엄 해제하라' '노동3권 보장하라' '어용교수 물러나라' '언론자유 보장하라'는 등 구호를 외치며 시위를 벌인 후, 비상학생총회를 열어 시국문제 토론회를 열었다. 토론회에서 학생들은 요구가 관철될 때까지 무기한 철야농성을 하기로 하고 도서관 앞에서 농성에 들어갔다.

마산 이어 진주의 '남강도하작전'

진주에서도 마산보다 하루 뒤인 8일과 9일 경상대학교 법경대와 이공대·농과대 학생들이 학내 문제를 제기하며 시위를 벌였으며, 12일에는 경상대 역사상 4·19 이후 최초의 대규모 시위가 벌어진다.

오전 10시 칠암캠퍼스에서 총학생회 주최로 열린 시국성토대회에는 1500여 명의 학생이 모였다. 이들은 '시국선언문' 낭독에 이어 "유신잔재 세력이 이 땅에 발붙일 수 없는 것이 역사의 당위이며, 권력에 결탁하여 치부해온 재벌들을 규탄한다. 그리고 군의 정치적 중립을 강력히 촉구한다"는 정치인과 문교부 장관에게 보내는 메시지를 채택했다.

이어 정오부터 교외로 진출하려던 학생들은 전투경찰^{전경}들과 대치하던 중, 전경이 쏜 최루탄에 한 학생이 쓰러졌다. 격분한 학생 1500여 명은 가뭄으로 수심이 얕은 학교 동쪽 남강을 바지를 걷고 건너 시내로 진출했다. 경상대 학생운동사에서 '남강도하작전'으로 일컬어진 이 시위에서 시내로 들어가던 중 진양교와 뒤벼리에서 또다시 전경들과 충돌, 학생과 교수, 전경 등 6명이 다치기도 했다.

경남대생들이 거리를 행진하며 비상계엄 해제와 과도정부 퇴진을 요구하고 있다.

80년 봄 경남대 학생집회, 시위를 말리기 위해 나온 교수들이 보인다.

학생들은 진주시청 앞까지 진출하여 '유신잔당 정치생명 완전 청산', '매판경제구조 철폐', '사북탄광, 동국제강, 생존 투쟁자 석방', '언론의 제 기능 확보' 등의 구호를 외치며 시가행진을 했다. 이 과정에서 학생들 약 간 명이 경찰에 연행됐으나 곧 석방됐다. 학생들은 다시 학교로 돌아와 교수들의 귀가 권유를 뿌리치고 단과대학별로 모여 '매판 경제구조 타 파', '대학의 정통성 확립' 등에 대한 토론회와 '정치인 모의재판' 등을 진 행하며 철야농성을 벌였다.

경상대생들은 이튿날인 13일에도 다시 칠암캠퍼스 중앙광장에 모여 평화적인 교내시위를 하기로 하고, '비상계엄 철폐', '관제언론 각성', '군부 의 중립', '노동3권 보장', '민주화 일정 밝혀라' 등 11개항의 결의문을 채택 하고, 일부 정치인들의 화형식을 가진 뒤 자진 해산했다. (경상대, 〈경상대학교 40 년사〉, 1988)

5·17과 5·18로 짓밟힌 꿈

학생들의 시위는 15일 마산으로 이어졌다. 특히 이날 마산은 경남대 와 마산대학^{현 창원대} 학생들이 연합시위를 벌었다. 경남대생 3000여 명과 마산대생 500여 명이 오전 11시 교정에서 시국성토대회를 열고 '4·19 정 신 계승'과 '언론은 각성하라'는 등 5개항의 결의문을 채택하고 낮 12시 교문을 나서 마산시청을 거쳐 3·15의거탑까지 평화행진을 벌였다. 16일 에도 경남대생 1000여 명과 마산대생 200여 명은 마산시내 창동에서 집결, 계엄철폐 등을 요구하며 가두시위를 벌였다.

이날 집회에서 경남대 총학생회 명의로 배포된 '마산시민에게 보내는 멧세지'가 유인물 형태로 남아 있는데, 일부 내용은 다음과 같았다.

> "존경하는 마산시민 여러분! 지금 정부는 과도정부라는 자신을 망각하고 유신의 잔당들이 군부의 힘을 등에 지고 또 다시 독재를 구상하고, 유류 가 인상으로 막대한 정치 자금을 흡수하여 지금 한국 경제가 혼란에 빠지고 있습니다. (…) 사북사태, 인천제철 동국제강, 동명목재 등은 노동자의 생존을 위한 처절한 몸부림이며 흙을 파먹는 농부들의 기막힌 흐느낌을 우리가 이대로 방관만 할 수 있습니까? 이제 대한민국의 영원한 자유민주를 위한 초석을 위해 오늘 5.16 저희들 5천 경대인들은 참을 수 없는 뜨거운 가슴을 안고 분연히 일어섰습니다."

하지만 '80년 민주화의 봄'은 짧았다. 바로 다음 날인 17일 전두환을 중심으로 하는 신군부는 '5·17쿠데타'로 불리는 비상계엄 확대조치를 통해 주요 도시에 탱크와 무장병력을 투입하고 모든 대학에 휴교령을 내렸다. 또 주요대학 학생회 간부에 대해 전원 검거령을 내림으로써 사실상 학생회 조직을 와해시켰다.

앞의 시위를 주도했던 경남대와 경상대 학생간부들에게도 검거령이 내려졌다. 경남대 이용석 회장을 비롯한 20여 명의 간부들이 5·17과 함께 보안대에 끌려가 고초를 겪었다. 또한 부마항쟁 관련 구속됐다 풀려났던 인물 중 박인준 씨도 5·17 직후 또다시 끌려가 역시 모진 고문을 받았다.

80년 5월 16일 경남대총학생회가 배포한 유인물.

이용석 회장은 2020년 10월 필자에게 당시 상황을 이렇게 회고했다.

"끌려간 보안대에는 경남대 2여 명 말고도 경상대와 마산대 학생도 있었고, 일반 시민들도 있었습니다. 주로 '김대중으로부터 학생회장 선거자금을 받았다'는 자백을 강요하며 물고문, 고춧가루고문, 창살고문, 잠 안 재우기 등 한 달여 간 조사를 받았죠. 그 후 39사단으로 이첩돼 거기서 3개월 넘게 유격훈련을 받았습니다. 거기까지 함께 끌려간 사람들이 약 40~60여 명 정도 되었는데, 제가 훈련병 대대장을 맡았죠. 풀려나서 보니 학교에선 제적을 당한 상태였는데, 나중에 윤태림 총장의 배려에 따라 무기정학으로 감면을 받았습니다."

경상대도 '남강도하 시위'의 책임을 물어 정민화 회장과 김옥정 부회장 등 간부 수십 명이 구속돼 수사를 받고 구류를 살았다. 그런데 이 과정에서 앞선 총학생회 선거 낙선자인 김문규[낙농학과 3] 씨 등이 '김대중 내란음모사건'에 연루됐다는 혐의로 구속돼 오랜 고초를 받았다. 결국 김문규와 정홍기[낙농학과 2] 씨는 제적되고 수 명이 학사징계를 받게 됐다.

이처럼 경남대 이용석 회장과 김문규 씨의 사례로 볼 때, 당시 신군부 쿠데타 세력은 5·17과 함께 연행한 학생들을 '김대중 내란음모사건'과 엮으려 했던 의도가 분명했다.

이때부터 대학은 계엄령에 의해 휴교에 들어갔고 학교 정문에는 장갑차가 배치됐다. 캠퍼스는 병영화하여 무장 군인들의 텐트가 들어섰고 군홧발 소리만 요란했다.

시위 진압을 위해 경남대 앞에 출동한 경찰차량.

노동자들도 나섰지만

80년 봄의 민주화 요구는 대학가에만 있었던 것은 아니었다. 마산·창원지역 노동자들도 이 기간 임금인상과 체불임금 해소, 작업조건의 개선, 부당노동행위에 대한 항의 등을 쟁점으로 억눌린 요구와 분노를 분출했다.

마산 한국삼양공업, 신흥화학, 동경전자, 두산유리 등과 창원의 현대양행, 동양기계, 풍성정밀, 동명중공업, 한국공작기계, 삼성라디에타, 창원산재병원, 진해의 진해화학 등에서 작업거부와 농성, 파업이 전개됐고,

창원 세신실업과 마산 두산유리, 수출자유지역의 (주)북롱, 정상화성, 한국쌍엽정밀 등에서 신규노조가 결성됐다. (김하경, 〈내사랑 마창노련〉, 갈무리, 1999)

이런 노동운동 역시 5·17 쿠데타와 이어진 광주학살로 인해 모두 지하로 숨어들게 된다. 대학에는 계엄군이 들어와 학사행정까지 통제를 했고, 수많은 노동조합이 강제 해산됐으며 학생회는 다시 학도호국단으로 재편됐다. 군부정권은 무자비한 학살과 연행, 구금, 수배, 고문은 물론 '삼청교육대'와 '언론통폐합' 등을 거쳐 한국사회를 장악했다.

정치·사회적으로 다시 기나긴 겨울이 시작됐다. 그러나 민주화의 열정마저 모두 식은 것은 아니었다. 전두환 정권의 폭압 속에서도 82년 마산에는 결코 식을 수 없는 민주주의의 열정을 담은 책 한 권이 등장한다. 무크지^{부정기간행물} 〈마산문화〉가 그것이다.

1979년 '부마항쟁'과 80년 '민주화의 봄'을 거치면서 사회의식을 단련한 이들이 만든 〈마산문화〉 1호의 제목은 '겨울 언덕에 서서'였다. 군부의 폭압통치는 그야말로 매서운 찬바람이 휘몰아치는 겨울 언덕, 그것이다.

이후 벌어질 1987년 6월항쟁과 이어진 노동자대투쟁은 이미 80년 국민의 민주화 요구가 신군부에 의해 짓밟힐 때부터 배태되고 있었던 것이다.

2장

80~83년 대학가의
'암중모색'

앞 장에서 1980년 봄 대학가의 민주화 시위를 살펴봤지만, 이를 주도한 학생들의 등장을 이전의 70년대와는 구별되는 새로운 세대의 출현으로 보기는 어렵다. 특히 이 시기 마산에서는 부마항쟁을 이끈 70년대 학생운동 세대와 이후 6월항쟁을 이끌게 될 80년대 세대의 만남이 물밑에서 은밀히 진행되고 있었다.

1976년 서울로 진학한 마산 출신 대학생들의 사회과학 학습 소모임 결성에 이어 77년 경남대 일부 학생들이 이들과 함께 만든 마산지역 소모임, 그리고 이를 모태로 한 78년 경남대 최초의 이념 써클 '사회과학연구회'와 대중적 시민 학습 단체라 할 수 있는 '경남양서보급회' 및 그 직영 서점 '집현전'의 출범 및 활동은 79년 부마항쟁으로 분출되었고, 마침내 박정희 정권의 붕괴로 한 시대가 마감되었다. (70년대 재경마산학우회와 학습 소모임, 양서보급회 활동에 대해서는 졸저 〈토호세력의 뿌리〉도서출판 불휘, 2005와 마산·창원지역사연구회 편 〈마산·창원 역사읽기〉도서출판 불휘, 2003에 비교적 자세히 나와 있다.)

하지만 이들 부마항쟁 세대의 활동까지 마감된 건 아니었다. 한철수고려대 졸, 김진식서울대 졸, 박진해연세대 졸, 주대환서울대 제적생, 유위종당시 회사원 등은 80년 1월 마산 산호동에 소모임을 위한 월세방을 구했다. 이 월세방 소모임에 부마항쟁 당시 구속되었다 풀려나온 경남대생 정인권, 정성기, 옥정애, 최갑순, 박인준 등과 함께 또다른 경남대 재학생 박성원, 강정근, 김용년, 제부원 등이 새롭게 합류했다. 이들은 경남대 안에서도 '한국사회연구회'를 만들어 활동반경을 넓히는 한편 개학과 함께 민주화 시위를 은밀히 준비했다.

5월 7일 부마항쟁 이후 경남대에서 첫 민주화 시위가 벌어진 이면에
는 이런 과정이 있었던 것이다. 이들의 활동은 5·17 비상계엄 확대조치
와 함께 다시 물밑으로 들어가지만, 이후 기독교장로회 한교회 등에서
종교를 외피 삼아 활동을 이어가게 된다. _(박진해의 수첩 메모와 증언)

70년대와 80년대의 만남

전두환 정권의 폭압통치가 한창이던 1982년, 매서운 찬바람이 휘몰아
치던 '겨울 언덕에 서서' 민주화의 싹을 틔우려 했던 사람들이 있었다. 부
마항쟁 세대였던 주대환, 박진해, 서익진, 박영주, 이태수 등이 만든 〈마산
문화〉가 그것이다. 1980년 신군부의 5·17 비상계엄 확대조치와 이어진 광
주학살, 81년 6만 명 이상을 체포, 감금했던 삼청교육대 지옥훈련 등으로
온 사회가 꽁꽁 얼어붙어 있던 시절이었다.

82년 말 발간된 부정기간행물 〈마산문화〉 1호 '겨울 언덕에 서서'는
80년대 최초의 노동소설 '수출자유지역의 하루'_{최순임, 본명은 주식회사 삼미의 고경}
_엽, 비판적 시인 이선관의 시세계를 소개한 '이선관 시론'_{박진해}, 문화운동
의 현황을 짚은 '마산 동신제와 지신밟기'_{박진해}, '마산연극의 흐름'_{박영주},
'마산의 청년문학 동인활동'_{이재업}, 그리고 '민족·민주주의·민족해방운동'
_{서익진}, '알제리 민족해방전쟁'_{김종철}, '니카라구아에서의 해방전쟁'_{번역물} 등
당시로선 불온하고도 위험한 글들이 실려 있다.

1호 편집장을 맡았던 박진해는 80년대 초의 암울했던 상황을 이렇게

회고하고 있다.

"광주학살의 피를 머금고 치솟은 전두환 5공정권의 반동적인 일방통행을 손놓고 지켜볼 수밖에 없는 무기력함에 모두는 전율하고 절망해야만 했다. 한참 동안의 강요된 침묵과 개인 차원으로 분리된 침잠의 시간이 흘러갔다.

그러나 1982년 언저리로 접어들면서 새로운 움직임이 생겨나기 시작했다. 경남양서보급회 집현전에 관여했던 사람들이 소모임 형태로 모이면서 한국근대사에 대한 세미나가 진행되었고, 경남대와 창원대, 창원전문대 등에서는 탈춤과 마당극을 통해 시련을 딛고 일어서는 신명과 민중의식을 체현하고자 하는 몸짓도 있었다. 아울러 청년문학도들과 일부 노동현장에서 시문학동인 활동이 태동하기도 했다." (마산·창원지역사연구회, 〈마산·창원역사읽기〉, 불휘, 2003)

마산문화 표지.

절망 속에서 움튼 이런 맹아^{萌芽}를 계속 살려나가기 위한 거점이 필요했다는 것이다. 이들은 당시 마산YMCA 황주석·이상익 총무와 요가운동가 신석규 씨가 이끌던 기독교장로회 한교회와 연극인 김종석 씨가 운영하던 맷돌소극장을 거점 삼아 새로운 저항의 방식으로 무크^{MOOK :} magazine과 book의 합성어지 운동을 시작했다. 그 결과물이 〈마산문화〉였던 것.

책은 1500부 모두가 유가로 판매될 정도로 잘나갔다. 그러나 발행인과 편집인은 안기부와 경찰서 정보과에 불려다니며 용공성 여부를 취조당하기도 했다. 이런 분위기 속에서도 책은 85년 4호까지 꾸준히 발행됐다. 4호를 끝으로 발행이 중단된 것은 이유가 있었다. 그땐 이미 80년부터 물밑에서 '학습'을 통해 새로운 항쟁을 준비해온 이들이 노동·농민·학생 등 각 부문별로 군부독재 타도운동을 다시 시작했고, 그런 상황에서 더 이상 무크지로서는 저항운동의 선도적 역할을 할 수 없었기 때문이다. 이때부터 〈마산문화〉 편집진으로 참여했던 이들도 흩어져 자기 분야의 운동에 매진하게 된다. 주대환이 본격적인 노동운동을 위해 서울로 떠난 것도 86년 1월 1일이었다.

이렇듯 〈마산문화〉 역시 앞 장의 80년 월세방 모임처럼 70년대 학생운동권이 사회에 나와 80년대 운동권과 맺어짐으로써 79년 부마민주항쟁과 87년 6월항쟁을 잇는 매개 역할을 했다는 의미를 갖는다고 할 것이다.

대학가 '학습' 소모임들의 물밑 모색

〈마산문화〉 편집진과 필진 가운데 특히 박영주와 이재업은 각각 경남대 휴학생과 재학생으로서 교내 학생운동 인사들과 연결고리가 됐다. 80년 5·17 이후 모든 운동세력이 지하로 들어갔지만, 학생들은 마냥 좌절하고 있지만은 않았다. 80년 하반기부터 몇몇 사람들이 소모임 형태로 모여 과학적인 사회인식을 위한 '학습'을 시작했던 것이다. 이들은 79년 부마항쟁과 80년 투쟁의 실패에서 얻은 오류를 극복하고 보다 근본적인 사회변혁을 목표로 했다. 부마항쟁의 주역 중 한 명이었던 김종철과 박영주, 그리고 경남대 78학번 박성원, 한국외대를 졸업하고 귀향한 김동민 등이 합류했고, 이후 경남대 김성진, 진현경, 허태유, 마산대[현 창원대] 박유호 등도 가세하게 된다. 물론 이들의 모임과 별도로 더 많은 학습 소모임들이 있었을 것이지만 기록으로 남아 있는 건 없다.

경상대와 마산대에서도 81~82년 하나 둘 학습모임들이 '언더[지하]'에서 물밑활동을 하기 시작한다. 경상대의 오갑수[82학번], 마산대의 김경영[82학번] 등이 그들이다. 물론 이런 소모임이 얼마나 있었는지는 확실치 않다. 다만 부마항쟁 세대에서부터 이어진 경남대를 제외하고 경상대나 마산대의 경우 81학번들이 2학년이 되던 82년쯤부터 하나둘 생기기 시작해 83·84년 제적학생 복교조치와 대학캠퍼스 사복경찰 철수를 계기로 급속히 늘어난 것으로 보인다.

다음은 이와 관련 2008년 6월민주항쟁 20주년 기념 경남추진위원회가 펴낸 〈경남지역 6월민주항쟁 자료집 : 항쟁의 시대와 그 기록〉에 실려 있는 김성진의 증언이다. 아마 83·84년 무렵의 마산지역 대학가 상황으로 보인다.

"당시 공개적으로 얼굴이 알려지고 드러난 사람은 소수였는데요. 경제학과 박영주 선배, 기설과의 이재업 선배 두 사람은 이미 스타였고, 나와 화학과의 김영찬 선배, 사회학과 82 유동훈, 국어과 정일근, 영어과 민경미 선배, 심리학과 83 김우용 선배, 법학과 82 이돈열, 국문화 82 김법수, 행정학과 82 여태훈, 정외과 83 허윤영, 사복과 83 허태유, 경제학과 83 이봉재 등이 공개적으로 드러나 있었죠. 또한 당시 가장 큰 학내 세력인 전통전통예술연구회 멤버인 국어과 78 엄영운 선배, 행정학과 임준택 선배, 기공과 82 허홍, 일어과 82 김정문, 강미숙, 국문과 고지형, 경제과 이중수, 토목과 신성욱, 국어과 83 최둘래 등등이 특히 기억에 남아 있습니다. 밖에선 한국외대 출신의 김동민 선배, 연세대 출신의 이태수 선배, 부마항쟁 뒤 군에 갔다 온 사학과 78 박성원 선배 등이 우리를 지도했는데요. 저하고 이봉재, 이영순, 허태유, 진현경, 창원대 82 최난실, 창원대 83 박유호 등등으로 해서 경남대, 창원대 합동 학습팀이 꾸려져 돌아갔습니다."

83년 경상대에서는 최초로 '의식화' 문제로 학생들이 경찰에 연행되는 사건이 있었다. 경상대가 발간한 〈경상대학교 50년사〉는 이렇게 적고 있다.

"5월 4일 배충환(영문학과 2년) 등 6명이 지하 동아리를 만들려 했다는 혐의로 경찰에 연행되는 일이 일어났다. 배충환은 무기정학 처분을 당하고 나머지 5명(남학생 3명, 여학생 2명)은 경고처분을 받았다. 이 학생들은 그들 나름대로 바람직한 대학생활의 의미를 찾고자 했고, 또한 대학생으로서 폭넓은 교양을 갖추기 위하여 <지식인을 위한 변명>, <우상과 이성>, <일제 잔재세력의 정화문제>, <해방전후사의 인식> 등 사회과학서적들을 82년 8월부터 읽고 토론하여 왔다고 주장하였다."

지도휴학·강제징집·제적

이 사건에 이어 8월에는 오갑수 등 4명_{경상대 3명, 진주교대 1명}에 의한 이념동아리 활동이 정보기관에 또 적발됐다. 이들은 82년 3월부터 매주 1~2회의 독서 및 토론회를 가졌으며, 이들이 읽은 책들은 <자주고름 입에 물고 옥색치마 휘날리며>, <민중과 지식인>, <전환시대의 논리>, <해방전후사의 인식>, <자본주의 발전 연구>, <철학이란 무엇인가>, <변증법적 유물론은 무엇인가> 등이었다. 이들은 자체적으로 MT 등을 통해 의식화를 했으며, 83년 5월에는 광주항쟁에 관한 유인물을 작성, 강의실과 캠퍼스 내에 뿌리기도 한 혐의를 받았다. 이들은 경찰에 연행된 후 다시 진주지역 보안대로 옮겨져 5일간 조사를 받은 결과 오갑수 등 2명은 군에 강제징집됐고, 황모_{의과대학 1년}는 권고휴학, 신모_{진주교대 2년}는 제적됐다.

이밖에도 기록으로 남아 있지는 않지만 이기동, 전강석, 하경보 등 사회학과와 거창고 출신 박영곤 등 81학번을 중심으로 하는 소모임도 있었다. 이들은 82년 5·17조치 이후 처음으로 학내문제를 들고 경상대 칠암캠퍼스에서 교내시위를 벌이기도 했다고 전한다. 이들 중 이기동은 83년 2학기 때 경찰에 발각돼 조사를 받고 지도휴학을 당한 후 군에 입대하는데, 그는 지난 2007년 필자와 만난 자리에서 "81년도에도 법경대 안에 '카오스'라는 언더팀이 있었던 걸로 기억한다"고 말했다. 그는 또 "부산대에서 학생운동을 하다 중퇴하고 진주에 온 최재기 씨도 따로 언더팀을 하고 있었고, 시내에서 약국을 운영하고 있던 주형식 씨도 그랬던 것으로 안다"면서 당시 알게 모르게 학습모임이 많았다고 말했다.

83년 경남대생들이 전방경계 훈련을 떠나는 모습.
5·17조치 후 84년 유화국면까지 대학가는 병영이나 다름없는 통제사회였다.

역시 기록에는 없지만 83년 하반기에는 경상대 '풀무회 사건'도 있었다. 풀무회는 70년대부터 있었던 서클이었는데, 당시 진주경찰서 정보과 형사였던 ㅈ 씨는 2007년 필자와 만나 "교내 화장실에 반정부 낙서를 하고 다닐 때였는데, 풀무회라는 학내 서클 회원들이 의식화 학습을 해 온 결과였다"라고 말했다. 경찰과 보안대 등에 의해 발각돼 조사를 받았는데, 구속에 이르진 않았지만 그땐 그 자체가 '사건'이었다는 것이다.

또 당시 진주에는 삼현여고 교사로 있던 조창래영남대 73학번 씨와 경상대 정대성·김금성·권춘현·김현규 등을 중심으로 하는 소모임도 있었다. 조창래 씨와 권춘현 씨 등에 의하면 이들 역시 82년 즈음부터 진주 중앙시장 닭집골목과 정촌면 예하리 자취방 등에서 '학습'을 했다고 한다. 이들은 이후 85년 여름을 지나면서 공개적으로 '넝쿨'이라는 이념서클을 만들게 된다. 넝쿨과 풀무회는 각기 '오픈공개' 조직과 '언더지하'로 이원화된 형태로 운영되면서 이후 84~86년 경상대 학생운동을 주도하게 된다.

반정부 유인물 살포사건

이에 앞서 마산에서는 83년 3월 14일 반정부 유인물 배포사건이 발생한다. 밤 10시 30분쯤 경남대·마산대현 창원대와 시내에 1000여 장의 유인물이 뿌려졌는데, 범인들은 28일 경찰에 붙잡히게 된다. 박영주경남대 경제학과 휴학생, 이재업경남대 기계설계학과 4학년, 유경호계명대 졸업생 등 3명이었다. 이들은 집회 및 시위에 관한 법률 위반 혐의로 구속돼 1심에서 징역 1년 6개월, 2심에서 2년을 선고받고 복역 중 그해 12월 말 전두환 정권의 유화 조치로 석방됐다. 특히 이 사건은 경상대의 이념동아리 사건과 함께 80년 5·17 이후 경남 최초의 시국사건이라는 점에서 주목된다.

앞서 언급했듯이 84년이 되면 안정적인 군부독재 체제를 확립한 전두환 정권이 자신감을 얻은 듯 구속학생 석방과 제적생·해직교수 복직 등 유화조치를 취하면서 대학가도 활기를 띠게 된다. 84년 2월에는 학내에 진주하고 있던 사복경찰도 학교 밖으로 철수한다. 1장에서 언급된 5·17 사태 당시 경상대 제적생 김문규 씨도 이때 복교한다. 또한 마산 유인물 사건으로 구속됐던 박영주 씨 역시 경남대로 복교하게 된다.

이렇듯 87년 6월항쟁은 5·17 직후 칠흑 같은 어둠 속에서도 언제 올지 모르는 항쟁을 '예비음모'하면서 암중모색을 해온 수많은 이들이 있었기 때문에 가능한 일이었던 것이다.

3장

80년대 중반
농민·문화운동 결합

마산문화3 전진을 위한 만남 표지.

"나는 농촌에서 태어나서, 농촌에서 쭉 살아왔고 … 마을의 테두리를 벗어
나지 못하면서 오직 열심히 농사짓는 길만이 내가 잘 살 수 있는 길이라고
생각하며 살아왔지. … 그러다가 어떤 친구를 통해서 임 씨를 만나게 됐는
데, … 헌데, 이 친구가 말하는 거는 거 대학이라 카능기 별거 아이다, 이기
라. … 뭐 진짜배기 공부가 있다카이, 여기서 무슨 배울 끼 있나 하고 고개
를 저었제. 그라카다가, 우연히 농촌 아카데미에 갔다 온 일이 있었습니다.
그런데 거기서 강사들이 농촌사회 문제에 대해 이야기한 거를 한번 쓰무
보니까, 과히 나쁘지는 않은 것 같애. 농민들이라 카문 될 수 있는 한 남한
테 싫은 소리 안 할라능기라. 그런 생활 속에서 살다가 아 이 아카데미에서
배운대로 해보이까 우선 내 자존심을 상하게 하는 일들이 생길 때, 반항이
라카나, 그런 걸 알게 됐고, 그러면서 사람들도 많이 만나게 됐제."

위의 글은 지난 84년 〈마산문화3 : 전진을 위한 만남〉에 실린 '전前 신기농민회 회원들과의 대화'에 나오는 한 대목이다. 이 글에서 한 농민이 말하는 '농촌 아카데미'는 크리스찬아카데미 농촌사회지도자교육을 뜻하고, '임 씨'는 서울대를 나와 농사를 짓기 위해 귀향한 임수태전 민주노동당 경남도당 위원장씨를 가리킨다.

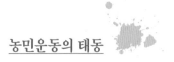

농민운동의 태동

신기농민회는 1977년 11월 창원시당시 의창군 마산합포구 진동면 신기리의 원예농민들에 의해 자발적으로 결성돼 누구의 도움도 없이 83년까지 외롭게 농민운동을 해온 단체다. 78년 신기농민회가 벌인 을류농지세 반대투쟁은 가장 선구적인 농민운동으로 손꼽을만 하다.

이 투쟁은 80~81년 가톨릭농민회 경남연합회의 을류농지세 투쟁으로 이어지게 된다. 신기농민회는 그러나 80년 농협의 횡포를 고발하는 유인물 살포사건으로 많은 회원들이 경찰에 불려가 조사를 받았고, 12·12쿠데타로 실권을 잡은 전두환 세력이 임수태 씨 등을 용공조직사건으로 체포하면서 와해국면으로 몰리게 된다. 83년 신기농민회는 공식 해체됐으나 85년 의창군 전 지역에 회원을 둔 '의창군농민협회'로 거듭 태어나게 된다.

전 신기농민회 회원의 고백에서처럼 크리스찬아카데미는 경남은 물론 전국의 농민운동과 노동·시민운동 지도자들을 배출하는 산실이었다. 79년 거창에서 '농우회'를 조직, 이후 아림농민회와 거창농민회로 발전시켜 나갔던 표만수·이상모씨 등도 크리스찬아카데미 출신[78년 20기]이었다. 역시 거창에서 초기 농민운동을 함께 한 정쌍은 씨는 "내가 서울에 있을 때 크리스찬아카데미라는 곳으로 거창 분들이 교육을 왔던 것을 보았다. 그때가 78년이었다"고 회고했다. 정 씨는 80년대 초 거창에서 마을단위의 '한들농민회'를 만들어 활동했다고도 한다.

이들은 76년 거창고 교사로 와 있던 정찬용[노무현 정부 청와대 인사수석], 80년 거창고 교목으로 온 유성일 목사 등과 함께 이후 87년 6월항쟁을 군郡 단위에서 이끈 핵심인물이 된다. (크리스찬아카데미교육은 농촌사회 과정만 있었던 게 아니었다. 마산YMCA 청년이사로 있으면서 청년단체인 원클럽을 이끈 허정도[전 경남도민일보 사장] 씨도 75년 크리스찬아카데미 출신이었다. 또한 마산YMCA에서 전국최초로 사랑의 Y노동형제단을 만들어 80년대 초 노동자소모임을 이끌었던 황주석[작고] 간사도 크리스찬아카데미 교육과 YH노동조합의 사례를 보고 소집단운동의 가능성을 발견하게 됐다고 한다.)

유성일 목사

거창 민주화운동 산파역
유성일 목사

"송기원이라는 소설가 선배를 잘못 만난 탓이지요. 75년 중앙대 문예창작과 재학 시절, 그 선배가 시키는 대로 유신에 반대하는 유인물을 만들어 집회현장에서 읽었다가 경찰에 잡혀갔지요."

거창 갈릴리교회 유성일 목사는 거창YMCA 출신인 정찬용 전 청와대 인사수석과 함께 70·80년대 거창지역 농민운동과 각종 사회운동의 산파이자 핵심이었고, 또한 거점과도 같은 인물이었다.

그는 유신반대 시위와 관련, 학교에서 무기정학을 당하고 한신대로 진로를 바꿔 신학을 공부한 후 80년 정찬용 씨와 인연으로 거창에 정착하게 됐다.

그는 표만수·정쌍은 등 농민운동 핵심인물들과 함께 농민회를 만들고 지역운동을 확장시켜 나가면서 농촌지역으로는 드물게 87년 6월항쟁 시위를 주도했다.

86년 갈릴리교회를 설립한 후 '어린이집'이라는 단어를 처음으로 사용하며 지역최초로 탁아운동을 시작했으며, 2019년 7월 작고했다.

가톨릭농민회의 투쟁

창원시 마산합포구 진동면에서 신기농민회가 결성됐던 77년 말 가톨릭농민회^{가농}도 경남에서 활동을 시작했다. 초기 가농은 이병철 씨 등이 주도했던 고성이 중심이었다고 한다. 80년 들어 진양군 가방리 관방마을 분회와 진양군협의회가 생겼고, 을류농지세 투쟁과 마을 이장의 민주적 선출, 농협 민주화운동 등을 주도하게 된다.

경남의 농민운동이 태동한 후 처음으로 가장 크게 벌어진 투쟁은 가농 관방마을 분회의 수세 현물납부 투쟁이었다. 83년 11월 초부터 이 마을 농민들은 추곡수매량을 늘려줄 것을 요구했으나 묵살당하자 현물^벼로 수세^{농지개량조합비}를 납부할 것을 결의했다. 당시 '수세 현물 자진 납부 대책위원회'가 작성한 '관방마을 수세 현물 자진 납부 운동 경과(1983년 11월~1964년 1월 28일)'라는 문건에는 이 투쟁의 배경을 이렇게 서술해 놓고 있다.

"관방마을의 수매 희망 물량은 6000가마였다. 그런데 실제 할당된 수매량은 3000여 가마밖에 되지 못했다. 83년 한 해 계속 무엇 하나 제대로 제값 받은 농사가 하나도 없는 데다 수매가마저 동결되어 암담한 상태에서 시장에 쌀을 팔려 해도 한없이 쏟아져 나오는 정부미(외국 쌀 때문에 쌓여있는 재고미) 때문에 잘 사가려 하지 않고 장사꾼들은 값을 마음대로 장난질 쳤다. 이렇게 해서 수매가와 시장 쌀값의 차이가 한 가마당 1만~1만 5000원이나 됐고, 유통이 마비된 상태가 되고 말았다. 여기에 연말 빚 독촉, 각종 잡부금 상환 요구는 물밀 듯이 밀려 들어오니 어찌할 바를 몰랐다. 따라서 현금을 마련할 길이 없는 마을 사람들은 각종 잡부금 중에서 수세만이라도 현물로 받아 줄 것은 요구 하기에 이르렀다."

이들 농민은 12월 19일 경운기 17대에 261가마의 벼를 싣고 '수세 현물 자진납부 차량'이라는 현수막을 걸고 12km 떨어진 진주시내의 진양 농지개량조합으로 출발했다. 가는 도중 온갖 방해와 구타를 무릅쓰고 조합에 도착, 잠긴 출입구의 담장 너머로 벼 가마를 던져 넣었다. 이 투쟁 으로 이장이 구속되기까지 했으나 전국으로 확대될 것을 우려한 당국이 농민들의 요구를 모두 수용했다.

가톨릭농민회 고성협의회의 유인물.

이듬해인 85년 7월에는 가농 고성군협의회 주도로 시작된 소몰이 시위가 또 한 번 크게 일어났다.

7월 초 고성 두호마을에서 시작된 소몰이 시위 역시 관방마을을 중심으로 한 진양군협의회의 투쟁으로 이어졌다. 소를 몰고 나온 농민들과 경찰이 진양군 금산면과 진주시 사이의 남강 금산다리에서 충돌, 격렬한 싸움이 벌어졌다. 경찰과 농민이 서로 끌어안은 채 강에 떨어져 뒹굴면서 뼈가 부러지는 사람까지 있었으며, 10여 명이 경찰서까지 연행돼 심한 구타를 당하기도 했다. 소몰이 시위는 전두환의 동생 전경환이 호주산 소를 대대적으로 수입해오는 바람에 소값이 폭락하자 이에 분노한 농민들이 궐기한 사건이었다.

이밖에도 농민들은 5공 쿠데타정권의 엄혹한 탄압 속에서도 피망 불량종자 보상투쟁, 농가부채 투쟁, 추곡수매가 인상 투쟁, 농협조합장 직선제 쟁취 투쟁 등을 지속적으로 전개하며 87년까지 농민운동의 지평을 넓혀나갔다.

농민운동과 문화운동의 결합

이 시기의 농민운동 과정에서 특이한 일이 있었다. 마산의 청년들이 진양 관방마을 농민들과 결합, 수세 현물납부 투쟁을 마당극으로 만들어 공연을 한 일이었다. 70년대 말 마산 '불씨극회' 출신으로 부마항쟁에 참여하고 80년대 초·중반 경남대 학생운동의 중심에 있던 박영주 씨가 대본을 쓰고 한교회를 중심으로 활동하던 문기훈, 한희진 씨 등 청년·학생 15명 가량이 '농農풀이'라는 마당극을 84년 6월 말부터 3개월에 걸쳐 연습한 후, 8월 18·19일 관방마을과 문산성당에서 공연했던 것이다. 이 공연을 경찰이 저지하는 과정에서 일행이 연행되고 폭행당하는 사태까지 발생하자 진주경찰서에서 항의하는 연좌농성을 벌여 서장의 공개사과를 받아내기도 했다고 한다.

이 마당극의 준비 및 공연과정과 대본은 〈마산문화〉 3집에 그대로 실려 있는데, 경남지역 최초의 농-학연대 사례이자 문화운동과 농민운동의 결합이었다는 의미를 가진다.

한편 거창에서도 유성일 목사 등의 연결로 연세대 학생들의 '농활'이 83년부터 시작되고, 이 농활대의 풍물강습 영향으로 거창읍에 살던 청년 한대수 씨가 84년 우리문화연구회를 만들어 농민운동과 결합을 시도하게 된다.

이같은 종교와 농민, 청년·학생의 결합은 87년 6월항쟁을 이끌어내는 원동력이 된다.

한국 농민운동의 산 증인
정현찬 씨

"을류농지세에 대한 농민들의 불만이 극에 달해 있을 때였죠. 가톨릭 경남교구보에 농지세에 대한 농민교육이 있다는 소식을 보고 내 발로 찾아갔습니다. 그때가 80년이었습니다."

전 전국농민회총연맹 정현찬 의장은 1983~84년 수세 현물납부 투쟁과 85년 소몰이 시위로 전국에 알려진 진주시 금산면 관방마을 출신이다. 가톨릭 신자였던 그는 80년 가농 경남연합회에서 주최한 농민교육을 받은 후 곧바로 농민운동가가 됐다.

그 후 진주시농민회 회장과 경남도연맹 의장, 전국 의장까지 맡은 80년 이후 한국 농민운동의 산 증인이자, 87년 6월항쟁 당시 민주헌법쟁취국민운동 경남본부 공동대표와 이후 민주주의민족통일 서경연합 의장 등을 지낸 진주와 서부경남지역 민주화운동의 대부 같은 인물이다.

4장

84년 학원자율화 투쟁

대학에 상주하던 사복경찰들

요즘 같으면 상상도 못할 일이지만 1984년 초까지만 해도 대학 캠퍼스 안에 정보과 형사들이 '학원CP command post : 지휘소'라는 걸 만들어 버젓이 학원사찰을 하고 있었다. 여기엔 정보형사 뿐 아니라 안기부현 국정원나 보안사현 기무사 요원들도 수시로 드나들었다. 뿐만 아니라 전경들도 100~200여명이 사복으로 변장, 상시적으로 학내순찰을 하면서 감시를 했다.

83년부터 학생운동을 시작, 85년 경남대 총학생회장을 했던 김성진노무현 정부 청와대 행정관 씨는 "84년 상반기까지 학교 안 본관에 CP가 있었다. 거기엔 주로 안기부나 보안사 요원들이 있었는데, 구내전화까지 개설돼 있었다"고 기억했다. 또 그해 5월 축제기간 중 한 여학생이 반지를 잃어버렸는데, 그걸 주운 사람이 사복으로 변장해 캠퍼스에 잠입해 있던 전경이었던 해프닝도 있었다. 김성진 씨는 "반지를 주웠던 전경이 내 후배여서 분명히 알고 있다"고 말했다.

경상대의 경우, 가좌캠퍼스 건물신축공사를 진행 중이던 한일개발 '함바'はんば : 飯場 : 건설현장의 노무자 식당을 뜻하는 일본어 안에 있었다. 당시 진주경찰서 정보과에서 학원반을 담당했던 경찰관 ㅈ 씨에 따르면 정보과 전체인원이 25명 정도였는데, 그 중 학원반 소속만 7명이었다고 한다. 이처럼 학교 안에 버젓이 주둔하던 사찰요원들은 83년 말 전두환 정권의 학원자율화 조치와 시국 관련 제적생들의 복교 조치 발표로 표면상 84년 초 모두 철수하게 된다. 〈경상대학교 50년사〉는 학교 안 사복경찰이 84년 2월 29일 철수했다고 기록하고 있다.

하지만 학원사찰 자체가 사라진 것은 아니었다. CP는 학교 밖으로 옮겨 그대로 유지됐고, 사복경찰의 사찰 활동도 끊임없이 이어진다. 경상대의 경우 철수한 학원CP는 잠시 가좌동 개양사거리 검문소에 있다가 인근에 있던 한국도로공사 안에 새로운 건물을 지어 입주했다. 당시 경찰관 ㅈ 씨는 "한일개발에 조립식 건물을 지어달라고 요청해 거기서 학원반 일을 했는데, 경찰만 쓴 게 아니라 다른 정보기관은 물론 시청의 여론담당 공무원도 함께 썼으며, 전화도 경남지방경찰청 직통전화를 비롯해 5대 정도 있었다"고 회고했다.

경남대의 경우도 속칭 '노인정'이라 불리는 느티나무 옆 학교 담장 바깥에 일반 주택을 한 채 임차하여 숙소로 썼고, 정문 앞 평화탕 옆 여명사라는 건물 2층에 학원CP가 존재하고 있었다. 84년 5월 3일자 〈경남대학보〉는 이렇게 전하고 있다.

"서울의 학원자율화에 따른 대학의 소요에도 불구하고 면학에 여념이 없던 본교 캠퍼스에도 중간고사가 실시 중이던 지난 4월 19일 하오 3시경 중앙도서관 식당 6호관 1호관 다과실 등에서 5백여 부의 유인물이 배포되었다. 타이프로 인쇄된 이 전단은 학원자율화와 민주화에 대한 선동적인 성격의 유인물로써, 학원사찰이 아직도 본교 정문 앞 '여명사' 2층에서 캠퍼스를 감시하고 있다는 내용과 함께 언론기본법 등의 폐지와 학원탄압 중지, 강제징집 철폐 등을 요구하는 내용이었다."

제적생 복교와 학원자율화 투쟁

이런 분위기 속에서 84년 대학가는 전두환 정권의 유화정책에 따른 제적 학생 복교로 시작됐다. 1장과 2장에서 소개된 경상대 김문규^{80년 5·17조치로 구속} 및 제적 씨와 박영주·이재업^{83년 유인물 사건으로 구속 및 제적} 씨 등도 이때 복교한다.

83년 12월 23일 형집행정지로 석방된 이들은 84년 3월 7일 '복교에 즈음한 우리의 입장'이라는 성명서를 발표하는데, 다행히 전 마산MBC 박진해 사장이 그 성명서를 보관하고 있어 원문을 볼 수 있다. 일부 내용을 소개하면 이렇다.

> "80년 5·17 군사쿠데타로 민주화를 갈망하던 전국민적 여망을 짓밟고 이에 저항하는 광주시민을 총칼로써 진압한 현 정권은 소위 '국가보위 비상대책 입법회의'에서 합헌적 근거없이 마련된 정당법, 선거법, 언론기본법, 노동관 계법 등을 만들어 의회, 사법부, 언론을 관제화함으로써 '정치'는 사라지고 '통치'만이 존재하게 되었다.
>
> … 학생들의 정당한 의사대변기구인 학생회와 평교수협의회가 부활되지 못 하고 학내 언론출판이 억제되어 있는 지금의 실상이 과연 학원자율화이며 민주화인가?
>
> … 그동안 학원에 상주해왔던 사복형사들의 철수가 발표되었다. 그러나 더 욱 교묘한 방법으로 학원사찰이 행해질 것은 자명한 일이며, 이러한 가운데 다시 학교로 돌아가야 할 우리의 마음은 무거울 뿐이다. 정부당국은 이번 복교조치에 대해 모든 문제해결의 책임을 자율이라는 미명아래 학교당국

에 전가시키고 있다. 이것은 명백한 책임회피가 아닌가? … 학교 측은 우리의 의사와는 전혀 별개의 일방적 절차, 부모의견서, 본인서약서, 반성문 등을 요구하면서 이를 이행치 않으면 복교할 의사가 없는 것으로 간주한다는 것이다. … 과연 양심마저 팽개치고 굴복하고 아부하라고 종용하는 것이, 우리 교육자들의 참모습인가? 일방적인 '베풂'과 '은혜입음'이 아니라 우리들의 빼앗긴 정당한 배울 권리를 당당하게 돌려받아야 할 것이 아닌가?"

이들의 성명에서 나타난 것처럼 복교 문제에 대해 정권과 학교당국은 일종의 '은전'이나 '시혜'로 보는 반면 제적생들은 '배울 권리의 정당한 회복'으로 보는 시각이 한동안 마찰을 빚었다. 제적생들은 나아가 복교의 선행조건으로 언론기본법과 노동법·집시법 철폐, 해직교수·해직기자·해직노동자의 복직까지 요구하기도 했다. 복교를 둘러싼 마찰과 아울러 '학원자율화'를 둘러싼 갈등도 84년 대학가를 달궜다.

앞의 〈경남대학보〉에 따르면 4월 23일 오전에는 학원자율 보장과 지도교수제 폐지, 언론탄압 중지, 선거법 개정 등을 요구하는 전단이 배포됐고, 26일에는 '학원자율화추진준비위원회' 명의의 유인물이 뿌려진다. '학우 여러분에게 드리는 글'이라는 유인물은 관제언론에 대한 비판과 학생자치회 부활, 어용·무능교수 퇴거, 자유로운 서클활동 보장, 대학언론의 독립과 활성화 등 7개항을 요구하는 내용이었다. 이어 5월 11일과 15일에는 학원자율화를 위한 1·2차 공청회가 도서관 앞 민주의 광장에서 열렸는데, 여기서 교수들의 웃지못할 방해 해프닝이 발생한다.

84년 5월 총학생회 부활을 위해 경남대에서 열린 공청회.
여기서 교수가 주제발표문을 훔쳐 달아나는 촌극이 빚어지기도 했다.

5월 17일자로 발표된 유인물(전 마산MBC 박진해 사장 제공) '민주학원 소식(2) 학원 자율화를 위한 2차 공청회의 경과'에 따르면 "학교당국은 공청회 개최를 준비하던 학자추 준비위원들의 집으로 각각 연락, 이들이 마치 큰 죄나 지은 것처럼 학부모들에게 왜곡 선전하여 학부모들이 공청회 석상에 나타나 2명의 학자추 준비위원을 끌고(?) 가는 가슴 아픈 사건을 발생케 했다"는 것이다. 또 "공청회에서 주제발표를 할 예정이었던 한 학자추 준비위원의 발표원고를 공청회 개최 전 어수선한 틈을 타 모 교수가 가방에서 꺼내 빼돌린 웃지 못할 촌극"도 발생했다.

학생들은 17일 오후 6시 30분 전통예술연구회의 통영오광대 공연이 끝난 뒤 50여 명이 〈타는 목마름으로〉 〈오월〉 등 노래를 부르며 '학원자율 보장하라' '직접선거 실시하라' 등 구호를 외치며 교문까지 진출, 야간시위를 벌였다.

5월 23일에는 문교부의 지침에 따른 학생장 간접선거를 학생들이 무산시켰다. 500여 명의 학생들은 '직접선거 실시하라' '광주사태 해명하라'는 플래카드를 앞세우고 광주사태 희생자 위령제 및 학원자율화 성토대회를 열었다.

당시 '경남대학교 학원자율화추진준비위원회'가 발행한 '민주학원소식(5)'5월 25일자는 이렇게 전하고 있다.

"5월 23일 오후 1시 도서관 앞 민주의 광장에서 광주항쟁 희생자 위령제 및 학원민주화 성토대회가 500여 명의 학우들이 참여한 가운데 열렸다. 이날 낮 12시 교문 앞에서 광주항쟁 희생자의 모의 관을 앞세우고 '광주 사태 해명하라' '민주화 대행진' 등이 적힌 8개의 만기를 들고 도서관 앞까지 행진해 와 시작된 광주항쟁 희생자 위령제는 먼저 민주수호를 위해 숨져간 영령들에 대한 묵념이 있었고, 이어 김준태 시인의 시 '아 광주여 우리나라의 십자가여'가 낭독되었다. (중략) 이어서 시위에 들어갔는데, 시위대열은 모의 관을 앞세우고 장례행렬처럼 행진, 일부 교수와 직원들의 저지를 뿌리치고 교문 밖 10여 미터까지 진출하여 모의 관과 만기를 태우고 250여 명의 경찰과 대치한 가운데 학원과 사회의 민주화를 요구하는 시위를 계속했다."

이렇게 학생들의 간접선거 반대투쟁은 6월까지 이어지지만 학교 측은 끝내 6월 16일 선거를 강행, 박홍일^{일어교육 3}·조민규^{사회학 3} 씨가 정·부학생장으로 선출된다.

마산대^{현 창원대} 또한 구체적인 기록은 남아 있지 않지만, 84년 4월 19일 '마산대학 학생일동'이라는 명의로 작성된 당시 유인물 '마대인이여 깊은 잠에서 깨어나라'를 통해 학원자율화 투쟁이 시작되었음을 알 수 있다. 유인물 일부 내용은 다음과 같았다.

"대학은 그 자체로서의 독립과 자율이 보장되어야 함에도 불구하고 (…) 학생활동의 마땅한 권리를 유보당해 왔다. 우리들 스스로가 쟁취한 것이 아니라 타율적으로 주어진 최근의 학원에 대한 여러 조치들-구속학생 석방과 제적생 복교, 학원사찰 철수와 학원자율화 등은 과연 그들의 진정한 각성인가? 아니면 전국민을 기만하는 잘 짜여진 각본인가?

비공식적으로 몇몇 보직교수들에 의해 이루어진 '학교 교명 변경문제'는 학교의 주인으로서 학생의 권리를 무시한 처사가 아닐 수 없다. 더욱이 학생들의 대표기구임을 자처하는 학도호국단은 학생들의 입장에 서기보다 학교당국의 기류에 편승하여 문제해결의 당사자인 전 마대인을 철저히 고립시키고 있다.

(중략)

이에 우리는 우리의 입장을 다음과 같은 요구사항으로 밝히고자 한다.

1. '학교 교명 변경문제'에 대한 학교당국의 공식적인 해명과 전 마대인을 대상으로 한 공청회를 열 것.

2. 써클활동 규제, 학내언론 탄압 등은 즉시 철폐되어야 한다.

3. 학원자율화를 위한 전 마대인의 토론의 장이 마련돼야 한다."

총학생회 부활, 결국 85년으로

　민주적 총학생회 구성이 무산된 후, 2학기에도 총학생회 부활과 정권타도를 요구하는 집회를 이어간다. 9월 25일에는 학생들이 월영동 경남은행 지점까지 진출, 경찰과 투석전을 벌여 전경 10여 명이 부상하는 등 격렬한 시위를 벌였다. 그러나 이 시위로 83년 제적·구속됐던 박영주·이재업 씨가 또다시 시위주도 혐의로 경찰에 연행돼 구류를 살게 된다. 27일에는 이들 학생의 석방을 요구하는 시위가 있었고, 10월 19일에는 전경 37명이 부상을 입고, 학생 9명이 연행되는 또 한 번의 격렬한 시위가 벌어졌다. 이날 시위는 오전 학교 앞 복사점에서 독도의 일본양도설에 대한 기사를 복사하던 국어교육과의 모 학생을 경찰이 강제연행하려는 데대해 해명을 요구하는데서 비롯됐다. 200명의 학생들은 오후 6시부터 밤 9시까지 '학원자율 보장' '언론자유 보장' '폭력경찰 물러가라' 는 등의 구호를 외치며 가두시위를 하면서 경찰과 대치, 돌을 던졌다. 이날 시위로 연행된 9명의 학생 중 김영찬화공학 4·김성진경제학 2 씨는 구류 25일, 이태환식품공학 2 씨는 7일의 구류를 받았고, 나머지 6명은 풀려났다.

　경남대가 84년 1학기부터 복교와 총학생회 부활을 놓고 투쟁을 벌인 것과 달리, 경상대는 2학기부터 학원자율화 투쟁이 시작됐다. 11월 4일 20여 개의 경상대 동아리 회장과 회원들 200여 명이 모여 '동아리연합회' 발족을 결의했던 것이다.

　그때까지만 해도 모든 학생단체동아리는 사전에 등록신청서와 지도교수 승낙서, 임원과 회원 명단, 활동계획과 전년도 활동실적 보고서, 회칙과

총학생회 간접선거를 반대하는 경남대생의 집회.
사진 왼쪽 메가폰을 들고 있는 이가 박영주씨다.

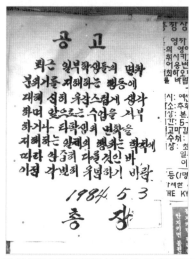

84년 경남대 학생들의 학원자율화 투쟁을 경고한 총장의 공고문.

규약 등을 학교에 제출하고 승인을 받아야 했다. 또한 모든 행사와 집회는 물론 홍보물을 게시할 때도 3일 전까지 학생처장의 승인을 받아야 하는 등 철저한 관리와 통제 속에 놓여 있었다.

이에 따라 동아리 학생들은 대자보를 붙이고 유인물을 나눠주면서 서명운동을 벌이는 등 학원자율화를 위한 비자율적 요소 척결을 주장했는데, 요구사항은 '동아리연합회를 학생자치기구로 인정' '학원자율화 보장, 학보 사전검열제 폐지' '대자보를 게시할 수 있는 '자유의 벽' 설치' 등이었다. 이들은 또 '총학생회 부활과 학생간부 직선제 선출' 등을 요구하며 학교 측과 교섭에 나서게 되는데, 이를 둘러싼 갈등은 85년으로 이어지게 된다.

이렇듯 투쟁의 시발은 각각 달랐지만 민주적 총학생회 구성은 두 학교 모두 85년에 가서야 실현된다. 이때부터 학생운동은 급속한 고양기를 맞이하게 되고, 이는 87년 6월항쟁의 핵심적인 동력이 된다.

5장

85년 총학생회 부활과
학생운동

85년 4월 11일 경상대 총학생회장 하경보^{사회학 3} 당선.

85년 4월 18일 창원대 총학생회장 조영래^{회계학 3} 당선.

85년 5월 2일 경남대 총학생회장 김성진^{경제학 3} 당선.

이들 세 명의 공통점은 75년 이래 10년 만에 부활한 민주적 총학생회의 대표라는 것이다. 그것도 그냥 주어진 것이 아니었다. 세 학교는 84년부터 '학원자율화 추진위원회^{학자추}', '학원자율화와 지역사회 민주화를 위한 추진위원회^{학지민추}' 등의 이름으로 학교당국은 물론 기존 학도호국단과도 끊임없는 투쟁을 벌인 끝에 쟁취한 것이었다. 특히 2학기에 선출돼 이듬해 1학기까지 임기가 계속되는 경남대의 경우, 85년 3월 200여 명의 학생들이 '총학생회 부활을 위한 공청회'를 연 뒤 기존 학도호국단 해체를 요구하며 학도호국단 사무실을 점거하는 사태까지 있었다.

경남대 총학생회 출범식을 보도한 85년 경남대학보.

이런 우여곡절 끝에 탄생한 총학생회였지만, 경남대를 제외하고는 학생회 중심의 민주화 시위가 즉각 불붙지는 않는다. 경남대 김성진 회장의 경우 이미 1학년 때부터 부마항쟁 세대의 영향을 받아 의식적인 단련이 돼 있었고 84년부터 각종 시위를 주도하다 연행돼 25일간 구류를 살았던 경험까지 더해 총학생회장에 당선됐을 때는 이미 경남지역 학생운동의 대표적인 '투사'가 돼 있었다.

경상대의 경우, 그해 여름을 지내면서 '넝쿨'이라는 공개적인 운동권 서클이 모습을 드러낸다. 70년대 영남대 학생운동권 출신으로 78년부터 진주 삼현여고에 교사로 있던 조창래 씨와 83년 무렵부터 의식화 학습을 해온 권춘현사회학 3, 정대성농업경제학 4, 김현규경영학 2 씨 등이 중심이었다. 물론 그 이전에 '풀무회'와 같은 이념서클이 있었지만 공개투쟁에 나서지는 않은 때였다. '넝쿨'은 대자보를 통해 공개적으로 회원을 모집하기 시작했고, 그때부터 이미 가투가두투쟁에 대한 훈련까지 했다고 한다.

이들을 중심으로 총학생회와 별도의 투쟁조직인 '투위'를 구성, 동아리연합회와 함께 시위를 주도하게 되는데, 4월 17일 경상대 민주광장에서 200여 명의 학생이 참석한 가운데 4·19혁명 기념식이 열렸다. 총학생회장의 추모사와 제문 낭독, 인문대 학생회장의 4·19 경과보고에 이어 김주열 열사에 대한 위령제와 구호 제창, 학도호국단기 화형식을 마친 학생들은 스크럼을 짜고 시내 진출을 시작했으나 교문에서 경찰의 저지로 무산됐다.

사흘 후인 19일에는 80년 '남강도하작전' 이후 처음으로 교문 밖으로 진출하는 사건이 발생한다. 당시 시위를 주도했던 권춘현 씨는 필자와 만난 자리에서 "우리도 나갈 수 있으리라고는 생각 못했는데, 어쩌다 보니 개양 사거리까지 진출하게 돼버렸다"고 회고했다.

경상대생은 5월 8일에도 300여 명이 모여 당시 전두환 대통령의 미국 방문을 규탄하는 시위를 벌였고, 5월 17일에는 1000여 명이 참석한 가운데 '광주사태 위령제'를 지낸 후 교문 앞 시위를 벌이는 등 본격적인 경상대 학생운동이 개화하게 된다.

창원대의 경우도 직선 총학생회가 부활하긴 했지만, 학생회보다는 이전부터 지하에서 의식화 학습을 통해 단련된 운동인자들이 실질적인 시위를 주도하게 된다. 김경영^{영문학 4}, 박유호^{국문학 3} 씨 등이 그들이다. 창원대는 4월 19일 50여 명의 학생들이 '민주·민중·민족의 새 깃발을!'이라는 플래카드를 들고 교문 앞 시위를 벌인 것을 시작으로 5월 15일과 17일 '광주사태 위령제' 시위로 이어진다.

경남대는 4월 22일 1000여 명이 '학교측의 총학생회 방해 중지'를 요구하며 시위를 벌인 데 이어 24일에도 3000여 명이 모여 같은 요구를 내걸고 대규모 시위를 벌였다. 총학생회 선거 이후인 5월 16일에는 1000여 명이 저녁 8시부터 횃불을 들고 '광주사태 진상규명' 등을 요구하며 시위를 벌였으며, 이들 중 60여 명은 마산 오동동 불종거리에서 가두시위를 벌이려다 하대출^{전자계산학 2}, 정창기^{경영학 3}씨 등 3명이 경찰에 연행되는 사태까지 벌어졌다.

6월 30일에는 시내 중심가에서 '(주)통일 노동조합 탄압'을 규탄하는 내용의 유인물을 배포하던 김성진 총학생회장과 박철민^{심리학 2}, 김우용^{심리학 3}씨 등 3명이 경찰에 의해 각각 연행돼 7일간 구류처분을 받았다. 경남대

에서는 10월 18일 부마항쟁 기념시위, 11월 1일 학생의 날 기념시위가 각
각 열리는 등 2학기 말까지 가장 활발한 시위양상을 보였다.

　85년 학생운동의 특징은 경남대 학생들이 '(주)통일 노동조합 탄압'을
규탄하는 유인물을 뿌려 검거되는 사건에서 보듯 서서히 학교 바깥의 다
른 부문운동과 결합하고 연대하는 초보적인 모습들이 갖춰지고 있다는
것이었다. 이는 경상대 '넝쿨' 그룹이 조창래 교사와 연결되는 것과 마찬
가지로 85년 말 경상대 '풀무회' 그룹의 진홍근의과대 본과 1 씨가 고려대 출
신으로 마창지역 노동운동권과 맥이 닿아 있던 문진헌 씨를 만나게 되는
것도 그런 연대의 시발로 볼 수 있다.

6장

87년 이전의 노동운동

앞에서 살펴봤듯이 80년대 학생운동의 원천이 된 것은 '학습'의 힘이었다. 같은 시기 노동운동의 원천은 무엇이었을까? 그 또한 '학습'이었다.

워낙 열악한, 아니 처참한 노동현실이 그렇게 만든 배경도 있었지만, 그 또한 운동으로 이어지기 위해선 '학습'을 필요로 했다.

당시 마산수출자유지역은 1971년 입주업체 가동 이후 80년까지 단 1개의 노동조합도 인정되지 않는 노동법의 치외법권 지대였다. 76년 한국스와니라는 업체에서 노동조합이 결성됐으나 일본인 업체들이 노동청을 협박, 노조 설립신고 필증을 내주지 못하도록 함으로써 실패한 적도 있었다. 수출자유지역 노동자들의 처지에 대해 한국가톨릭노동청년회가 80년 3월 27일 발간한 실태보고서는 이렇게 기록하고 있다.

일본인들에게 점령된 마산

"지금 마산은 일본인들에게 점령되어 있다. 이들은 MAFEZ마산수출자유지역를 발진기지로 하여 낮에는 1천 원권 지폐 한두 장으로 우리의 순박한 아들 딸들을 혹사하고 있고, 밤에는 5천 원권 한두 장으로 유흥업소에서, 숙박업소에서 우리의 체념어린 딸들을 희롱하고 있다. 손끝이 닳고 뼈마디가 죄어드는 그 고통스런 노동을 우리의 순박한 아들·딸들은 묵묵히 숙명으로 받아들이고 있으며, 이들은 회전의자에 앉아 채찍질하고 있고 '개같은 세상, 개같이 살다, 개같이 죽을 수밖에 없다'는 체념어린 우리 딸들의 절규를 이들은 보료 위에서 완상玩賞하고 있다. (…) 폐유와 폐

수로 더럽혀진 마산항에 이들 가련한 우리 딸들의 눈물이 뿌려져서는 안

된다. (…) 가난해서 못배운 죄로 사회에서 격리되어야 했으며, 밀린 임

금조차 받지 못해 셋방을 쫓겨나고 끼니를 잇지 못하면서도 하늘을 향해

주먹을 흔들 뿐이었다. (…) 맨손으로 고향에 있는 아버지 어머니 얼굴을

마주 대할 수 없었던 나어린 실직 여공들은 환락가의 노리개나 윤락가의

'악의 꽃'이 되어야 했다. 그 누가 이들을 이렇게 만들었는가? 그 누가 이

들에게 돌을 던질 것인가?"

마산수출자유지역 휴폐업 실태보고서.

당시 마산교구 가톨릭노동청년회 배진구 지도신부 등이 함께 참여했던 이 보고서가 나올 무렵, 수출자유지역의 북룽이라는 업체에서 처음으로 신고필증을 받은 노조가 설립되었으나 이마저 상부의 압력으로 취소됐다고 한다.

그 이후 수출자유지역에서 '단체행동' 움직임이 나온 것은 85년 11월 한국수미다였다. 2500여 명의 여성노동자 중 절반 정도가 점심시간을 이용, 회사 옥상에 모여 사측을 성토하려 했으나 남성 중간관리자들이 심한 욕설을 퍼부으며 강제해산시키고, 주동자 3명을 해고했다. (경남대학교, (경대문화) 19집, 1986)

이때의 실패는 2년 후인 87년 8월 노조 결성으로 이어졌으나 일본인 자본가는 이를 받아들이지 않고 끝내 89년 10월 자본 철수로 대응한다.

지식인과 노동자들의 만남

이처럼 수출자유지역이 노동운동의 치외법권 지대로 있는 동안 바깥에서는 노동자들의 억눌린 불만과 욕구, 지식인들의 목적의식적인 변혁의지가 결합돼 활발한 '학습'이 이뤄지고 있었다. 81년 요가운동가이자 양심적 기독교인이었던 신석규 장로와 마산YMCA 간사로 온 황주석 씨(작고) 등이 개척한 한교회가 그 중심이었다. 주대환과 서익진, 박진해, 박영주, 이재업 등 〈마산문화〉 편집진과 이상익을 주축으로 한 정혜란, 고승하, 허진수, 김정석 등 YMCA 세력, 그리고 문경범을 주축으로 한 노동세력 등이 한교회를 중심으로 포진해 있었다. ^{(유경호, 뜻하지 않은 과거로의 여행, 〈나와 한교회〉,} 2001)

이 무렵 주대환과 신덕우^{당시 부산수산대학생}, 서울서 온 김동민, 이태수 등은 마산 완월동 일대에서 '산동네그룹'이라는 학습모임을 운영하고 있었는데, 여기에 이후 노동운동 지도자가 되는 박희근^{삼미금속}, 김명길^{세신실업}, 이학용^{삼미특수강} 등이 함께 했었다고 한다. '산동네그룹'이라는 이름은 신덕우의 집이 현재 완월동 화인아파트 자리쯤에 있어 그렇게 불렸는데, 이후 신덕우도 대원강업을 거쳐 마창노련 간부를 지내는 등 노동운동가가 됐다. (주대환·박영주의 증언)

한교회와 별도로 마산YMCA의 황주석·정혜란 간사, 박성철^{(주)통일}, 문경범^{현대정공}, 황호남^{현대정공} 등을 중심으로 한 '사랑의Y노동형제단'도 빼놓을 수 없다. 박성철의 기억에 따르면 83년 무렵 마산 한일합섬과 수출자유지역, 창원공단의 통일, 기아, 현대정공, 동명중공업 등에서 모두 40~50여 명이 현장소모임을 통해 '학습'을 진행하고 있었다고 한다.

또한 70년대부터 가톨릭마산교구와 가톨릭여성회관을 중심으로 활동해온 가톨릭노동청년회^{JOC}도 노동자들의 '학습'을 이끌었다. 여기에는 지도신부였던 배진구·허성학 신부와 71년부터 초대회장을 맡아 노동장년회를 거쳐 84년 가톨릭노동상담소를 만든 정동화, 81년부터 가톨릭여성회관에서 간사를 했던 이경숙^{작고·전 경남도의원} 등의 역할이 컸다. JOC 출신 노동운동가로는 한국중천의 이종엽, 이호성^{(주)통일} 등이 있다.

(왼쪽 위부터 시계방향)80년대 초·중반 경남지역 노동운동의 핵심인물이었던 문성현·이석행씨. 그리고 노동운동가 양성에 힘썼던 정동화, 고 이경숙, 고 황주석, 정혜란, 이상익씨와 학습모임을 주도한 주대환씨.

현장에서 단련된 '학출'과 '노출'

이들 종교단체를 거점으로 '학습'을 통해 단련된 이들과는 달리 아예 대학을 졸업하고 노동현장에 잠입(?), 노동운동 지도자로 성장한 이들도 있다. 이런 노동운동가를 '학출'이라고 불렀는데, 문성현 씨가 그랬다. 또한 공고를 나와 노동현장에서 스스로 모순을 깨닫고 운동가로 성장한 이로서는 이석행 씨를 들 수 있다. 이런 사람을 '노출'이라고 불렀다.

87년 거제 대우조선 노동쟁의를 배후조종한 혐의국가보안법·노동조합법·노동쟁의조정법 위반로 구속기소된 문성현의 당시 공소장검사 이춘성은 이렇게 문성현을 설명하고 있다.

문성현 위원장에 대한 검찰 공소장.

"피고인은 1971. 3경 서울상대 경영학과에 입학하여 2학년 때인 1972. 서울 평화시장 피복근로자로서 분신자살했던 전태일이 쓴 일기장 중 '나에게 대학생 친구가 있었으면'이라는 귀절을 읽고 대학 졸업 후 노동 현장에 뛰어들어 이른바 현장실습을 통하여 근로자들을 의식화시키는 등 노동운동을 할 것을 마음먹고, 1975. 2 경 서울상대 경영학과를 졸업하고 1977. 12 경 육군 포병 병장으로 만기 제대한 후 1979. 12 경 서울 용산구 원효로 소재 한도공업사에 학력을 고등학교 졸업자로 낮추어 선반공으로 취업…."

검사의 소개대로 문성현은 이후 동양기계에 선반공으로 입사, 공장 안에서 '차돌회'라는 모임을 하면서 동지들을 규합, 노동운동을 본격화했다. 83년 동양기계가 창원으로 이전하면서 회사 이름이 통일산업으로 바뀌고, 이곳에서 노조 사무장을 거쳐 85년 노조위원장을 맡으면서 마창지역 노동운동의 대표적 인물이 된다.

이 과정에서 문성현은 위장취업 사실이 탄로나 동료노동자들로부터 위기에 처했으나 동료노동자들은 "대학졸업자는 사장만을 위해 일하란 법이 어디 있느냐"며 오히려 전폭적으로 지지했다.

문성현과 이석행 운명의 만남

이석행은 전남 기계공고 출신으로 진주 대동공업사^{이후 대동중공업}에 병역
특례로 입사한 노동자였다. 79년부터 노조 대의원이 된 그는 80년대 초반
공장 내에서 비밀 소모임을 운영하다 84년 노조위원장으로 당선된다. 그
는 당선되자마자 방위산업체로선 처음으로 파업을 단행한다.

> "85년 초 서울 구로공단에서 소모임을 했습니다. 그때까지만 해도 저는
> 노조위원장으로서 파업을 주도하기도 하고 승리도 쟁취했었기에 나름대
> 로 우쭐함을 가지고 있었지요. 토론 중 한 동지가 저에게 파업투쟁을 하
> 는 이유가 뭐냐고 묻더군요. 저는 그 당시 생각하고 있던 그대로 '회사가
> 노동자의 요구를 안 들어주니까 보복하기 위해 싸우는 것'이라고 대답했
> 습니다. 그러자 옆에 있던 한 여성동지가 '노동운동은 노동자가 인간답게
> 살아가기 위한 투쟁이다. 이것에 대하여 진정 고민해본 적이 있는가? 이
> 동지가 계속 그런 시각을 가지고 운동을 할 것이라면 당장 때려치우라'는
> 비판을 가해왔습니다." (《노동해방문학》 통권 3호, 1988)

이때 이석행은 큰 충격을 받았다고 한다. 그후 '학습'의 필요성을 절실
히 느끼며 고민하던 차에 운명적인 만남을 갖게 된다. 바로 문성현이었다.

> "울산에서 노동자 모임이 있었는데, 그 자리에서 문(성현) 동지 말에 공
> 감을 하면서 이후 매우 친하게 지냈습니다. 노동서적도 소개받고, 고민이

있을 때면 상의도 하고 비판도 받으면서 노동자적 관점을 키우는 데 크

나큰 도움을 받았습니다." (《노동해방문학》 통권 3호, 1988)

이들 두 사람은 각각 마창지역과 진주지역 노동운동을 이끄는 지도자가 되고, 통일과 대동중공업은 각각 마산·창원과 진주의 중심 사업장이 된다. 이들과 함께 현장에서 성장한 노동자들과 앞서 한교회·YMCA·JOC 등 종교단체를 거점으로 성장한 노동자들은 87년 6월항쟁에서도 '노동자투쟁위원회'를 이끌게 되고, 이어진 7·8월 대투쟁의 주역이 된다. 84년 석전·용마택시를 비롯한 마창지역 택시노동자들의 격렬한 투쟁과 84·85년 삼성라디에타 노동자들의 외롭고도 끈질긴 노조결성 투쟁, 85년 최병석·주재석·이배근 등의 한국중공업 노조결성 투쟁 등도 87년 노동자대투쟁을 예고하는 전운과도 같았다.

7장

87년 이전의 지역 재야운동

80년대 한국 민주화운동의 거점은 대학과 교회였다. 이에 대해 한 사회학자는 "세계적으로도 그 전례를 볼 수 없는 희귀한 현상"이라며 "대학과 교회만이 오직 국가권력의 통제가 상대적으로 덜 미치는 '해방의 공간'"이었기 때문이라고 설명했다.(김동춘, 1980년대 민주변혁운동의 성장과 그 성격, 《6월 민주항쟁과 한국사회 10년 1》, 당대, 1997)

김동춘 교수성공회대의 분석처럼 경남에서도 대학을 벗어난 대부분의 사회운동은 가톨릭과 기독교 교회를 중심으로 이뤄졌고 성장했다고 봐도 과언이 아니다. 앞서 살펴봤던 '87년 이전의 농민운동'도 그랬고, 노동운동 또한 그랬다.

거제 출신으로 70년대 중반부터 부산에서 사회운동을 하다 84년 마산·창원에 온 허진수 씨 역시 '한국기독교장로회 전국청년회' 출신이다. 74·75년 거제에서부터 청년회 활동을 하던 그는 76년 대한조선공사현 대우조선해양가 거제 옥포에 들어오면서 강제이주를 당해 부산으로 옮겼다.

그때부터 부산지역 재야운동의 아버지격인 고 최성묵 목사가 있던 보수동 중부교회를 중심으로 청년운동을 하던 중 79년 부마항쟁에 연루돼 쫓기는 신세가 됐고, 80년 7월 전두환 신군부정권에 연행돼 합동수사본부에서 모진 고문을 받기도 했다.

그 후 허 씨는 80년대 민주화운동에 획을 긋는 중대한 전기가 된 부산 미문화원 방화사건부미방에 연루된다. 이 사건을 계기로 과거 우방으로만 여겼던 미국의 존재가 완전히 새롭게 규정된다.

부미방 사건은 광주항쟁으로 도피생활을 하고 있던 김현장을 통해 '5·18 광주'의 진상을 알게 된 고신대 학생 문부식·김은숙 등이 미문화원에 불을 지르고 '미국은 더 이상 한국을 속국으로 만들지 말고 이 땅에서 물러가라'는 유인물을 뿌리고 도망간 사건이다. 허진수 씨는 이 사건의 배후인물로 지목된 김현장과 주범인 문부식·김은숙을 소개해주고, 그들이 사전 합숙교육을 하고 이후 도피처로 활용했던 가톨릭 원주교육원(원장 최기식)을 연결시켜 줬다는 이유로 공범이 됐다. 재판에서 2년을 선고받고 복역 중 83년 성탄절에 형집행정지로 석방됐다.

석방 후 기독교청년운동 시절 알게 됐던 마산 한교회 신석규 장로의 권유로 창원에 오게 됐는데, 여기서 한교회를 거점으로 한 마산의 운동세력들과 교우를 트게 된다.

한교회는 앞에서도 언급한 바 있지만, 80년대 초·중반 마창지역 민주화운동의 핵심거점이었다.

박진해 전 마산MBC 사장이 보관해온 83년 5월 20일 자 입당예배 안내전단에는 한교회의 약사가 실려있다. 이에 따르면 81년 9월 6일 황주석작고·당시 마산YMCA 간사·전도사·신석규요가운동가 등 13명이 경남요가협회 마산지부에 모여 첫 예배를 한 것을 시초로 잡고 있다. 이후 82년 3월 '한교회'라는 이름이 만들어지고, 82년 8월 황주석 전도사가 떠난 후 이상익마산YMCA 총무준목이 그해 12월 정호진 전도사 부임 때까지 시무를 한 것으로 돼 있다.

83년 1월 운영위원회가 꾸려지는데, 2월 6일 발행된 주보 창간호에는 정호진 운영위원장과 총무 김정석을 비롯, 김양숙·이영환·신석규·박명희·이상익·서익진·정혜란·문경범·이용한·서일미 등의 운영위원 명단이 실려 있다. 또 주보 편집책임자는 박진해였다.

83년 한교회에서 펴낸 주보창간호, 87년 4월 한교회에서 열린 문동환목사 초청강연 팸플릿.

사업계획에는 마당극 〈암태도〉 공연과 노동절 기념예배, 학생의 날 기념예배 등이 잡혀 있었다.

이상익 씨의 회고에 따르면 83년 3·15의거 기념일에 맞춰 박영주·이재업·유경호 등이 시국관련 유인물을 뿌린 혐의로 구속됐는데, 이 사건으로 교회가 정보기관에 노출됐고 집중감시를 받기 시작됐다고 한다.

이상익 씨는 "정보기관이 전 학교에 공문을 보내 한교회에 출석하는 학생들을 색출하게 했고, 실제로 고교생 행사가 있을 때 모 여상에서는

경남민주통일국민회의 창립선언문.

경남 최초의 공개대중운동단체로 발족된 민통련 경남지부가 85년 5월 가톨릭여성회관에서
진보적 경제학자인 박현채 선생(작고) 초청강연회를 열고 있다.

선생들을 행사장 입구에 배치시켜 행사장 출입을 못하게 검문하기도 했다"고 회고했다.

또 YMCA 이사장으로 있던 모 여상 교장은 당시 YMCA 총무현 사무총장였던 그에게 "한교회는 전라도 몇 사람과 빨갱이들이 하는 교회 아니냐" "당신이 그 교회 괴수 아니냐"고 빈정댔다고 한다. 이후 이상익 씨는 끊임없이 YMCA 총무직 사퇴 압력에 시달렸다.

6월항쟁 직전인 87년 4월 양덕동에 교회가 있을 때는 마산기독청년협의회EYC 주관으로 문동환 목사를 초청, '청년이여 부활하라'는 주제의 연합예배를 했는데, 당시 유인물을 보면 이상익 준목의 인도로 신석규 장로가 기도를 하고, 문동환 목사가 '민족·민중·교회'라는 제목의 강연을 하며, 허진수 집사가 구속자를 위한 헌금을 한 것으로 돼 있다.

이상익 씨는 그날 예배에서 '광주 민주화운동 희생자 추모식'을 했다고 기억하고 있었는데, 이 일을 계기로 정보부·경찰·보안사까지 총동원되어 탄압을 가해왔고, 결국 기관의 압력에 못이겨 집 주인이 기독교인임에도 불구하고 건물에서 쫓겨났다고 한다.

85년 2월 6일에는 최초의 공개적인 민주화운동단체가 탄생한다. '경남민주통일국민회의'가 그것인데, 이 또한 가톨릭 신부들이 중심이었다. 이후 서울에서 민주통일국민회의와 민중민주운동협의회가 통합, 민주통일민중운동연합민통련이 창립85년 3월 29일되자 경남에서도 그해 6월 12일 '경남민주통일민중운동연합경남민통련'으로 이름을 바꾼다. 창립 당시 상임의장은 이응석 신부였고, 사무국장은 김영식 신부, 간사는 이병훈가톨릭농민회 경남연합회 씨가 맡았다.

상임위원은 이웅석 상임의장과, 허성학신부, 도원호농민, 이병훈가톨릭농민회,
유경호시민, 김영숙시민, 조성국인간문화재, 천규석농민, 심재덕시민 등이었다.

2대 상임의장을 맡아 해산 때까지 경남민통련을 이끌었던 김영식 신
부의 회고에 따르면 처음 조직을 만들 때 워낙 사람이 없어 한교회 정호
진 목사와 만나 의논했다고 한다. 진보적인 신부와 목사의 만남이었다.
김영식 신부의 기억에 의하면 당시까지만 해도 경남에서 천주교정의구
현사제단에 참여하고 있는 신부는 김 신부와 이웅석 신부, 둘 뿐이었다
고 한다. (그 후 85년 11월 25일 발행된 민통련의 〈86 민주〉 수첩에는 천
주교정의구현전국사제단 66명의 명단이 실려 있는데, 경남은 유영봉마산교
구청 사목국장, 이종창진주 장재동성당, 김영식거제성당, 이웅석함안 대산성당, 허철수함안 함
안성당 신부의 이름이 들어 있었다.)

김영식 신부는 "당시 한교회에는 진보적이고 투쟁적인 청년들이 다수
모여들고 있었는데, 정호진 목사를 통해 반정부 투쟁을 하다 감옥을 다
녀온 유경호를 만나면서 민통련 조직화는 빨리 진척이 되어 갔다"고 회
고했다. (김영식, 민통련 활동을 회고하며, 〈민통련〉, 2005)

경남민통련은 창립 이후 백기완·송기숙·이부영 등 재야인사들을 초
청, 대중강연회를 여는 한편 85·86년 (주)통일 노동자들의 투쟁을 지원
하는데 중요한 역할을 했고, 이후 6월항쟁 국면을 실질적으로 주도하게
된다.

허진수 씨,
부마항쟁 세대로 6월항쟁에도 참여

　　허진수 씨는 재야운동가 중에서도 좀 독특한 인물이다. 우선 '친정'으로 여길 만한 소속이 없다. 대학 동문조직이나 노동조합에도 소속된 적이 없고, 심지어 기독교청년회를 통해 재야운동을 시작했지만 지금은 교회에도 나가지 않는다고 한다. 독실한 신앙심 때문에 청년운동을 시작했다기보다 운동을 위해 종교를 외피로 활용한 것이기 때문일까. 그는 87년 6월항쟁을 이끈 민주헌법쟁취 경남운동본부의 집행위원으로 6월 26일 창동 코아양과 앞에서 메가폰을 들고 선동연설을 하던 중 경찰에 연행돼 노태우의 6·29선언이 나오던 날까지 4일간 마산경찰서 유치장에서 구류를 살았다.

　　이후 지방자치제 부활로 95년 고향 거제에서 무소속으로 경남도의원에 당선, 98년까지 5대 의원을 지냈고, 부마민주항쟁기념사업회 회장을 맡기도 했다.

8장

87년 이전의 교육·여성운동

교육민주화운동

교육민주화운동으로 해직된 경남 최초의 교사는 누구였을까? 연원을 따져보면 4·19혁명 직후 교원노조운동을 벌이다 1961년 5·16쿠데타와 함께 해직·구속됐던 마산고 이봉규 교사와 성호초교 황낙구 교사였다. 그로부터 80년대 초까지 약 20여 년 간 학교는 민주화운동의 무풍지대였다. 교사는 독재자의 충실한 하수인이었고, 학교는 정권에 철저히 순응하는 국민을 길러내는 곳에 불과했다.

그러나 70년대 대학에서 유신독재의 실상을 깨닫고 졸업한 세대들이 학교현장에 교사로 부임하면서 슬슬 변화의 조짐이 감지되기 시작했다.

78년 진주 삼현여고에 부임한 조창래 교사가 있었다. 영남대 사학과에서 반유신독재 투쟁의 경험을 가진 그는 80년대 초 진주 흥사단 모임에서 학생운동 인자였던 경상대 아카데미 서클의 정대성 씨를 만난다. 그를 통해 권춘현, 정명환, 김현규, 박은영 등 학생들을 소개받은 조창래 교사는 이들과 진주 중앙시장 닭집골목의 다락방을 전전하며 이른바 '의식화 학습'을 진행한다. 권춘현 씨 등은 80년대 초기 경상대 학생운동의 진원지 중 하나였던 '넝쿨' 서클의 핵심멤버가 된다.

조창래 교사는 83년부터 진주지역의 뜻있는 교사들을 모아 소모임활동을 시작하고, 84·85년으로 넘어오면서 통영여중의 권재명, 마산여상 고승하, 거창고 표정숙 교사 등과 연결돼 경남 단위의 교육운동으로 확산한다. 이들 외에도 진주 대아고 문진헌, 통영 산양중 이영주, 창녕의 박종현, 마산 제일여중 이인식, 마산상고 안종복 교사 등도 서로 직·간접적 연결망을 갖고 교육운동을 하고 있었다.

86년에는 한국YMCA중등교육자협의회가 주도한 5·10 교육민주화선언으로 80년대 1차 해직교사들이 양산되는데, 경남에서는 통영의 권재명, 울산 상북종고 정익화, 울산 현대공고 노옥희 등 3명의 교사가 학교에서 쫓겨났다.당시에는 울산도 경상남도 소속이었다. 이 일로 10월 20일 마산YMCA에서는 '이 땅의 교육민주화와 고난 받는 교사들을 위한 기도회'가 열리는데, 당시 자료를 보면 정병권 이사장의 사회로 권재명 교사가 교육민주화선언과 해직에 이르기까지 경과보고를 하고, 최행진 이사가 '고난받는 교사들을 위한 기도', 허정도 이사가 '이 땅의 교육민주화를 위한 기도'를 한 것으로 기록돼 있다.

이들의 활동은 87년 5월 7일, 5·10 교육민주화선언 1주년을 맞아 '호헌 철폐와 민주 개헌을 촉구한다'는 전국해직교사 56명의 성명서로 이어지고, 6월항쟁에 교사들이 적극 참여하는 계기가 된다. 해직교사들의 호헌철폐 성명에는 서형석통영중, 노옥희울산 현대공고, 정익화울산 상북종고, 권재명통영여중 등 4명의 경남지역 교사들의 명단이 올라 있다. 6월항쟁 이후 경남지역 교사들은 87년 7월 27일 광주에서 열린 '민주교육추진전국교사협의회' 건설을 결의하는 회의에 조창래 교사를 대표로 참석시키고, 그해 10월 진주 하대성당에서 '경남교사협의회'를 창립한다. 이는 89년 전교조 결성으로 이어진다.

이보다 앞서 81·82년에도 초기 형태의 교사운동이 있었다. 81년 12월 12일 마산여상 김용택 교사를 중심으로 마산YMCA 중등교육자회가 창립된 것이다. 기록에는 회원이 19명이었고, 회장은 김용택, 부회장은 송기

80년대 교육민주화운동의 진원지가 된 82년 1월 의정부 다락원의
한국YMCA중등교육자협의회 창립총회 모습. 앞줄 맨 왼쪽에 있는 사람이 김용택 전 마산여상 교사.

학·이경희였으며, 당연직 총무로 황주석(작고) 마산YMCA 간사가 맡은 것으로 돼 있다. 이들 중 9명의 마산 교사들과 표정숙 교사 등 2명의 거창지역 교사들은 82년 1월 5일부터 7일까지 한국YMCA 의정부 다락원 연수원에서 열린 한국YMCA중등교육자협의회 창립총회에 참석한다. 초대 전국회장은 오장은서울 신일고 교사가 선출됐고, 김용택 교사는 감사로 선임된다.

진주YMCA에서도 이보다 3년 늦은 85년 2월 25일 중등교육자회가 창립되어 회장에 김정의진주여중, 부회장에 박경남명석중, 총무 황금사대부고 등이 선출된다.

대학교수의 시국선언

대학교수들도 독재정권의 충실한 하수인이었다는 점에서는 교사들과 별반 다를 게 없었다. 80년대 중반까지만 해도 대학생들이 집회나 시위를 벌이면 이들을 온몸으로 저지하는 역할을 교수들이 맡았다.

이런 교수사회에서 86년 충격적인 성명이 등장하게 된다. 그해 4월 21일 경남대 교수 30명이 '현실에 대한 우리의 견해'라는 시국선언을 발표한 것이다. 이들은 "대학의 자율성과 교권은 보호되어야 하며, 개헌에 대한 의견의 발표 토론 및 요구는 국민의 기본권으로서 존중되어야 하고, 민주화의 촉진과 사회 전체의 향상을 위해 전국의 균형있는 발전이 이루어져야 한다"면서 전두환 정권에 반기를 들었다.

이들 교수의 이름은 감정기 강인순 김남석 김선광 김연희 김용기 김재현 김종덕 김학범 명형대 박종근 박창원 손진우 송갑준 신동순 심지연 안승욱 여성구 유장근 유창국 유회수 이강옥 이승현 이지우 이훈 정상윤 조인성 최덕철 최상안 최유진이었다.

이어 29일에는 경상대 교수 24명도 같은 요지의 시국선언을 발표한다. '오늘의 시국에 대한 우리의 견해'라는 이 선언에는 강대성 강재대 고석남 곽상진 김명순 김완 김유철 김준형 김중섭 김해영 박재홍 백좌흠 송기호 송무 이심성 이영석 이창호 장봉규 정병훈 정성진 정진상 정진주 정헌철 최태룡 교수가 참여했다.

이들 교수는 87년 6월항쟁 직전에도 개헌을 촉구하는 시국선언을 발표, 학생과 시민항쟁에 불길을 지폈다. 87년 경남대 교수들의 성명에는 앞의 교수들 외 김영주 김학수 민병위 박문정 송병주 옥원호 윤성진 이호열 임영일 조태남 최영규 현외성 등 교수들이 추가로 참여했다.

여성운동

경남지역 여성운동의 뿌리도 역시 가톨릭과 기독교 등 종교운동에서 나왔다. 81년 8월 천주교 마산교구 사목국, 본부 부녀부에서 작성한 '마산 공소 부녀 지도자 교육'이라는 문서를 보면 27명의 여성을 대상으로 가톨릭여성회관에서 농촌 현실과 농촌 여성의 역할 등에 대한 1박 2일 교육 프로그램을 진행한 것으로 돼 있다. 27명은 마산과 거제, 하동, 창녕, 장

승포, 진영, 함안 등에서 온 여성들이었는데, 김영선 진홍금 박호선 강영로 이소위 송복수 유송자 김순자 최명숙 문서원 김재연 이경순 김귀남 예숙이 안문애 조종순 박말순 오재영 이금선 박재순 장정순 이영선 정영순 배두선 박군자 유정순 전진자 등이다.

가톨릭여성운동의 이런 교육프로그램은 농촌여성 뿐 아니라 여성노동자와 일반 부녀자를 대상으로도 이뤄졌고, 교육을 수료한 여성들은 각각 농민운동과 노동운동, 여성운동을 개척해 나갔다.

이런 과정에서 여성운동의 모태가 된 교육은 85년 12월 가톨릭여성회관에서 진행한 여성지도력 개발과정이었다. 이 교육에 참여했던 여성 중 9명이 '월요회'라는 후속모임을 만들었는데, 이 모임이 여성운동의 효시가 됐다는 것이다. 9명의 참가자들은 김도애, 박명희, 송향섭, 이경숙작고, 이경희, 이영희, 임혜숙, 정혜란, 최경화, 하효선이었다.

이들 여성은 공간의 필요성을 느껴 86년 마산 서성동에 여성문화공간으로 북카페 '반'을 열었고, 회원이 늘어나자 기존 월요회를 1반으로 하고, 또하나의 모임인 2반김인자, 김영옥, 문성윤, 유승희, 이연숙, 정미라, 진성화, 최갑순과 미혼 직장여성을 중심으로 한 3반이경옥, 허인정, 신혜자, 오정선, 황홍점, 박미덕, 박경희을 만들어 조직을 확대해나갔다.

6월항쟁 직전인 87년 4월 17일에는 경남여성회의 전신인 '경남여성문화연구회'가 창립됐고, 이들 회원들 또한 6월항쟁의 주역이 되었음은 물론이다.

조창래 교사.

학생운동권 출신
조창래 교사

조창래 교사는 진주 삼현여고에서 전교조 사태로 해직됐다. 그는 70년
대 학생운동권 출신으로 자연스럽게 사회운동과 교육운동에 나서게 된 경
우다. 해직 후에도 진주지역의 각종 민주화운동 단체에서 집행위원장을 도
맡다시피 했다.

영남대 사학과 출신인 조 교사는 77년 졸업 후 경북 영천군에서 한 사립
학교에 부임했으나, 거기서 온갖 사학비리를 목격하고 '다시는 교사직을 하
지 않겠다'며 사표를 냈다. 그래서 다른 직업을 물색해보기도 했으나 여의
치 않아 진주 삼현여고에서 다시 교사생활을 시작하지만, 일찍이 사회의 모
순을 깨닫고 있던 그는 교사직에만 만족하고 있을 수 없었다. 조 교사는 80
년 '광주사태'가 났을 때 혈혈단신으로 광주에 잠입을 시도하기도 했다.

"1930년대 에스파냐의 공화정을 사수하고, 프랑코 파시즘 체제와 싸우
기 위해 전세계 사람들이 거기로 모였던 생각이 떠올랐습니다. 직감적으로
광주에 집결해야 한다는 생각이 들었죠."

그는 등산복 차림으로 비상식량과 양초 등을 배낭에 넣고 무등산 등산을 간다며 광주에 접근했다. 그러나 화순에서부터 계엄군에 막혀 광주진입에 실패한 후, 다시 순천으로 나와 송광사에 들어갔다.

"송광사는 지눌 스님이 한국불교의 개혁을 추구했던 곳이었죠. 거기서 밤을 지새면서 다시 때를 기다리자고 다짐을 했던 기억이 납니다."

진주에서 흥사단을 통해 경상대 학생운동권과 연결망을 갖게 된 그는 개인적으로 각종 학생집회에 참여하기도 하면서 83년 교사들의 소모임을 꾸린다. 이 소모임을 바탕으로 경남지역 교사들의 조직화에 나서 87년 경남교사협의회와 89년 전교조 결성의 주역이 된다.

김용택 교사.

82년 Y중등교육자협
김용택 교사

김용택 교사는 현존하는 기록상 80년대 경남에서 교육민주화운동에 가장 먼저 참여했던 교사다. 또한 '운동권 교사' 중 가장 나이가 많았던 인물이기도 하다.

김 교사는 80년대 초 북마산감리교회현 성은감리교회에 다니면서 비판적 사회의식을 갖게 됐다고 말했다. 당시 교회 내에 '육속회'라는 성서연구모임이 있었는데, 거기서 허정도·정미라 부부와 고승하 교사 등을 만났기 때문이다. 이들은 성서연구를 한다는 명목으로 만나 광주학살 비디오도 빌려보고, 광주 YMCA 사람을 불러 간담회도 열었다고 한다. 또한 해방신학·민중신학 등도 거기서 공부했다.

그러던 중 한국YMCA중등교육자협의회에 참여하게 됐는데, 아이러니하게도 이후 자신을 해직한 마산여상 교장의 권유가 계기였다고 한다.

"의정부 다락원에서 열린 Y중등교육자협의회 창립총회에 참석할 때도 학교에서 공식 출장을 끊어서 갔어요. 아마 그때까지만 해도 교장은 그 단체가 운동권 조직이 될 거라는 걸 몰랐던 것 같아요."

당시 마산여상에서만 3명이 갔다고 한다. 그러나 막상 다녀온 후 몇몇 교사들은 모임에서 이탈했다. 운동권인 줄 모르고 참석했다가 정체(?)를 알고 난 뒤 빠져나간 것.

그는 마산YMCA중등교육자회 활동을 하면서 거창민간인학살 현장답사를 다녀온 후 그 내용을 회보에 썼는데, 그때서야 학교에서 모임의 정체를 알고 김 선생을 야간으로 발령내는 소동을 빚었다고 한다.

85~86년 즈음 김 교사는 교육운동보다 가톨릭여성회관이나 마산 YMCA에서 노동자를 대상으로 한 역사강의에 힘을 쏟았는데, 89년 전교조 출범을 앞두고 다시 교육운동 일선에 합류하게 된다. 이에 전교조 초대 마산지회장과 2·3대 경남지부장을 맡으면서 교육운동의 최일선에 나서게 된 것이다.

9장

'아부'와 '저항'으로
갈라진 문인들

문화운동은 권력에 마취된 시민의식에 '각성제' 역할을 한다. 광주항쟁을 다룬 영화 〈화려한 휴가〉나 〈택시운전사〉, 6월항쟁을 그린 〈1987〉도 그럴 것이다. 80년대 신군부 세력의 서슬 퍼런 억압 속에서도 스스로 각성제가 되기를 염원하며 희생을 무릅쓰고 문학과 공연 등을 통해 문화운동에 나선 이들이 있었다. 또한 그들의 반대편에는 문학을 독재권력에 대한 아부의 수단으로 전락시킨 이들도 있었다.

문학운동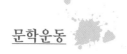

　"내가 그의 이름을 불러주기 전에는 그는 다만 하나의 몸짓에
　지나지 않았다. 내가 그의 이름을 불러주었을 때 그는 나에게로
　와서 꽃이 되었다."

김춘수의 〈꽃〉이라는 시다. 3·15마산의거 직후 희생된 학생들을 위한 추모시 〈베고니아 꽃잎처럼이나〉를 발표하기도 했던 김춘수였지만, 전두환 독재의 총칼 앞에는 무릎을 꿇고 말았다. 통영 출신으로 통영중학교 교사를 지냈고, 마산의 민족자산가이자 독립운동가였던 허당 명도석 선생의 사위이기도 한 그는 광주학살을 자행하고 권력을 잡은 전두환 일당과 함께 민정당 창당발기인 15명 중 한 명으로 참여했다. 그 덕에 11대 민정당 전국구 국회의원을 지낸다.

마산이 낳은 〈가고파〉의 시인 이은상도 마찬가지였다. 독재권력에 대

한 아부와 충성은 김춘수보다 몇 수 위였다. 이승만·박정희에 대한 충성에 이어 전두환이 집권하자 〈정경문화〉 1980년 9월호에 '새 대통령에게 바란다'라는 글을 실어 "전두환 대통령의 당선을 경하하며", "한국의 특수한 상황으로 보아 무엇보다도 강력한 지도자를 원하는 것이 거의 일반적 여론"이라는 글을 쓰고 다음해 4월 전두환 정권의 국정자문위원이 된다.

이들과 함께 한국을 대표하는 소설가로 꼽히는 김동리도 87년 전두환의 '4·13호헌조치'를 지지하는 성명을 문협 이사장의 자격으로 발표했으며, 〈국화 옆에서〉의 시인 서정주는 〈전두환 대통령 각하 제56회 탄신일에 드리는 송시〉라는 낯뜨거운 시를 87년 1월에 발표한다.

이들 친독재 문인들은 90년 3당 합당을 열흘 앞둔 1월 13일 뜬금없이 〈조선일보〉 광고면에 '90년대를 맞는 문학인의 결의'라는 성명서를 발표한다. "예술의 독자성과 자율성을 짓밟고 문학을 좌익이념의 시녀로 전락시키며 자유민주주의의 토대를 무너뜨리고 오히려 폭력혁명세력의 선전도구 구실을 하는 목적주의 문학집단을 배격한다"는 내용이었다.

문학이 이념의 시녀가 되어선 안 된다고 주장한 이들 문인들은 과연 누구였을까. 아니러니하게도 독재정권에 아부하는 작품과 글을 경쟁적으로 써온 김동리·김춘수가 주동이었다. 경남과 연고가 있는 문인 중에는 정목일, 박재두, 이광석, 이월수, 설창수, 추창영, 김춘수, 이중 등이 포함돼 있었다. 이들 중 정목일, 이광석, 이월수, 이중 등 4명은 당시 유일한 지역일간지였던 경남신문 기자와 부장·국장 또는 사장 출신이라는 게 눈길을 끈다.

이들이 '문학을 좌익이념의 시녀로 전락시키며 (…) 폭력혁명세력의 선전도구 구실을 하는 목적주의 문학집단'이라고 지목한 사람들은 누구였을까. 아마도 '민중문학·민족문학'을 지향했던 문인들이었을 듯하다.

경남에서는 80년대 초반부터 활동해온 청년문학동인들이 있었다. 박명윤전 마산MBC 박진해 사장의 80년대 필명 씨가 87년 창원대 교지 〈봉림문화〉에 쓴 '마산·창원지역 문학의 현단계'에 따르면 당시 경남대의 '갯물', 수출자유지역 노동자들로 구성된 '갯벌', 창원공단 노동자로 짜인 '남천', 통신문학 형태의 '살어리', 그리고 '한마시대', '3·15', '마산의 시학' 등 동아리가 있었다고 한다. 그러나 이들 동인들은 청년문학도라는 특성에도 불구하고 기성문인들의 행태를 단순 재생산하는 데서 크게 벗어나지 못했다고 한다. (박영주, 마산의 새로운 문학운동을 생각한다, 〈마산문화〉 3권, 1984)

이런 가운데 82년 말 첫호를 낸 부정기간행물 〈마산문화〉는 기성문인 가운데 역사의식에 입각한 독자적 목소리를 지니고 있던 고 정진업·이선관 시인의 문학세계를 소개했고, 민족현실과 지역현장에 뿌리내린 문학을 지향하는 박영주·이재업·조성래·정완희·유동렬·김종우 등 젊은 문학인들의 시와 평론을 선보였다.

특히 〈마산문화〉 1집에 실린 소설 〈수출자유지역의 하루〉는 최초의 노동소설이라고 할만 했다. 수출자유지역 내 삼미주식회사에 근무하고 있던 여성노동자 최순임이 쓴 이 소설은 박노해가 나오기 이전 노동문학의 가능성과 더불어 많은 이들에게 감동과 충격을 주었다고 한다.

80년대 초·중반의 이런 활동은 87년 이후 본격적인 민중문학·노동문학을 내세운 '참글'과 '밑불' 등으로 이어지게 된다.

마당극 운동

80년대 운동의 현장에는 언제나 놀이문화가 있었다. 81년 가톨릭농민회 경남연합회가 진영성당에서 개최한 '81 추수감사제 및 경남농민대회' 행사 세부계획 문건을 보면 농악대의 공연과 탈춤, 그리고 무당의 농민위령제 행사가 포함돼 있다. 당시 무당 역할은 경북대 이윤석이 맡았다. 농악대와 탈춤 공연은 82·83년 추수감사제에도 빠짐없이 등장한다.

84년 추수감사제는 11월 14일 진양군 문산성당에서 1000여 명이 참석한 가운데 열렸는데, 특이하게도 3부 '잔치와 다짐'에서 경상대 학생들로 구성된 '분도 소극장'의 마당극이 있었다고 기록돼 있다. 이에 앞서 8월 18·19일에는 역시 문산성당에서 농민들의 수세현물납세투쟁을 극화한 마당극 〈농풀이〉가 마산 한교회를 중심으로 활동하던 청년·학생들에 의해 공연되기도 했다. 거창에서는 한대수 씨가 그해 '우리문화연구회'를 만들었는데, 이때부터 농민회 회원들을 대상으로 한 풍물강습이 시작되기도 한다.

농민운동과 결합된 공연문화와 별도로 81년 마산에서는 극회 '불씨촌'의 창작 마당극 〈이렇게 이렇게 우리 한 판〉이 1월 30·31일, 2월 1일 사흘간 소극장 맷돌사랑에서 공연된다. 남아 있는 당시 공연팸플릿을 보면 이윤도 씨가 연출을 하고, 문둥이역에 이재업, 거지역에 박영주, 창녀역에 김시욱, 목사역에 천정식, 전도사역에 홍윤영, 사장역에 강경윤 등이 연희자로 나왔다.

82년 11월 27일에는 마산YMCA 대학연합부 탈춤연구반이 완월국민학교 넓은마당에서 창작마당극 〈새물굿〉을 공연한다. 83년 2월 5·6일에는 역시 소극장 맷돌사랑에서 맷돌마당패의 마당극 〈암태도〉 공연이 이뤄졌다. 〈암태도〉는 농민들의 소작쟁의를 소재로 한 송기숙의 소설이 원작인데, 당시 독재정권의 입장에서 볼 땐 다분히 '불온적'인 내용이었다.

84년에는 진주에서도 마당극 운동이 일어난다. 그해 3월 진주 칠암동 경상대 칠암캠퍼스와 진주농업전문대 정문 사이 건물 지하에 소극장 '분도'가 문을 열고, '물놀이'라는 마당극패가 탄생한다. 이들은 11월 14일 문산성당 공연에 이어 그해 11월 30일부터 사흘간 진주민란을 소재로 한 〈진양살풀이〉를 공연한다. 대본은 시인 정동주가 썼고, 연출은 이성우, 소리는 선동욱이었다. 필자도 그때 '분도'에서 이 공연을 관람했는데, 상당한 문화적 충격을 받았던 기억이 있다.

출연한 놀이꾼은 강병기, 문갑현, 황미란, 민경애, 최중현, 한명자, 박재한 등이었는데, 경상대 학생들이 중심이었다. 〈진양살풀이〉는 85년 마산 공연까지 갖게 되는데, 극동예식장 별관에서 2000원의 입장료까지 받은 것으로 돼 있다.

85년에는 이런 문화운동의 성과를 바탕으로 '경남민속문화연구회'가 7월 7일 마산 오동동 박소아과 의원 4층에서 창립된다. 회장에는 전정효 마산MBC PD가 선출됐으며, 부회장은 김종석 마산간호전문대 강사와 전선희 마산 제일여중 교사, 지역대표는 조성국 영산줄다리기 기능보유자, 이승철 거제군청 공무원, 박종섭 거창상고 교사 등이 맡았다.

또 운영위원장은 이곤섭 마산 창신고 교사, 연구위원장은 박종섭, 전승위원장은 박철 한의사, 홍보위원장은 박진해 마산MBC PD 등이 맡았

87년 6월 항쟁을 이끈 '각성제'가 된 마당극들.

1) 경남민속문화연구회 "창립총회및놀이마당"
2) 창작굿 "진양살풀이"
3) 마당극 "이렇게 이렇게 우리 한 판"
4) 창작마당극"새물굿"
5) 마당극"암태도"

다. 회원은 52명이었으며, 이들은 마산 농청놀이를 참관하고 풍물강습을 받았으며, 10월에는 경남학생과학관 대강당에서 서울 세실극장 '뜬쇠'를 초청, 사물놀이 공연을 주최하기도 했다.

이런 문화운동 또한 87년 6월항쟁을 이끈 '각성제'가 되었음은 물론이다.

대안언론 운동

당시 제도언론이었던 〈경남신문〉이나 MBC 등은 독재에 저항하는 시민의 목소리를 제대로 전달하기는커녕 독재권력을 합리화하는데 급급해 있었다.

이에 따라 당시 농민과 노동자들은 자신들의 목소리를 있는 그대로 전달할 매체가 필요했다. 앞에서도 여러 번 언급한 〈마산문화〉도 그런 대안 중 하나였다. 임수태·손성기씨 등이 주도한 의창군농민협회가 86년 9월 5일 타블로이드 신문형태로 창간한 〈농민의 벗〉 또한 그랬다.

이 신문은 89년 전국농민회 총연맹이 창립될 때까지 3년간 매월 3000~5000부가 배포될 정도로 농민들에게 사랑받은 매체였다. 87년 11월 15호는 9000부가 발간됐는데, 경찰에 의해 강제 탈취당하는 소동이 벌어지기도 했다.

또 85년부터 발행되기 시작한 〈통일노동자신문〉처음엔 ㈜통일노조소식으로 창간도 그랬고, 각종 단체에서 수시로 발행·배포한 유인물 또한 훌륭한 대안언론매체였다.

87년 6월항쟁 기간에는 민주헌법쟁취국민운동본부에서 발간한 〈국민운동〉이 대안언론의 역할을 수행했고, 노동자 대투쟁 이후에는 〈마창노련신문〉이 지역에서 노동자의 매체를 자임했다.

6월항쟁의 결과로 얻어진 언론자유의 배경에는 이와 같은 이른바 '운동권'들의 언론민주화 투쟁이 있었다. 그러나 잠시 반짝했던 제도언론의 노동조합 설립과 편집권 독립투쟁은 얼마 가지 않아 한계를 드러냈고, 이런 한계는 결국 1988년 〈한겨레신문〉의 창간과 1999년 〈경남도민일보〉의 창간 배경이 된다.

80년대 대안언론으로서 역할했던 각종 단체의 소식지.

10장

항쟁의 시작, 86년 투쟁

1986년은 재야와 학생운동권의 민주헌법 쟁취 투쟁과 노동자들의 생존권 투쟁이 본격화한 해였다. 따라서 87년 6월항쟁과 노동자 대투쟁은 이미 86년부터 시작되었다고 보는 게 옳다.

막 올린 민주헌법 쟁취투쟁

3월 5일 민주통일민중운동연합(의장 문익환)은 서울 중구 쌍림동 쌍림다방에서 기자회견을 열어 '군사독재 퇴진 촉구와 민주헌법 쟁취를 위한 범국민 서명운동'을 전개해 나가겠다고 선언했다.

이 자리에서 이미 서명한 각계 민주인사 303명의 명단을 공개했는데, 이들 중 부산·경남의 서명자들은 다음과 같다.

김광일변호사, 김석좌신부, 김영식신부, 노무현변호사, 도현스님, 문재인변호사, 박두환신부, 배진구신부, 서정술신부, 송기인신부·부산민주시민협 의장, 신은근신부, 심응섭목사, 오수영신부, 원오스님, 유영봉스님, 윤정규작가, 이두호신부, 이응석신부·민통련 경남지부 의장, 이종창신부, 정순구신부, 조재영스님, 진우스님, 최용진신부, 허봉부산민주시민협, 허성학신부, 혜조스님.

이 명단은 86년 3월 25일 발간된 월간 〈말〉 제5호에 실려 있는데, 이들 중 '스님'으로 표시돼 있는 유영봉, 조재영은 마산교구 소속의 '신부'를 오기했을 가능성이 높다. 또 김석좌, 김영식, 박두환, 배진구, 서정술, 신은근, 이응석, 이종창, 정순구, 최용진, 허성학 신부도 마산교구 소속이었다.

3월 17일에는 창원공단의 (주)통일 노동자들이 점심시간을 이용, 투쟁을 시작했다. 허재우가 식판을 엎었고, 박성철과 여영국은 유인물을 뿌렸다. 정광희가 식탁 위로 올라가 선동연설을 시작했다.

관리자들이 밀어닥치자 이들은 식판을 던지며 필사적으로 몸싸움을 벌였으나 중과부적이었다. 이 과정에서 7명이 연행돼 2명이 구속됐다. 이날은 서울 구로공단에서 노동자 박영진 씨^{당시 26세}가 신흥정밀 기숙사 옥상에서 부당해고 철회를 요구하는 농성을 벌이다 분신 자결한 날이기도 했다.

민통련 경남지부^{의장 이응석}는 이와 관련 '노동운동 탄압하는 군사독재 몰아내자!'는 성명서를 내고 지원투쟁에 나선다.

경남 4개 대학 연합 시위

4월이 되자 대학가도 술렁이기 시작했다. 학생들의 교내 집회가 연일 이어졌고, 21일과 29일에는 경남대 교수 30명과 경상대 교수 20명이 시국선언을 통해 개헌과 언론자유를 촉구한다.

5월 10일은 야당인 신민당의 헌법개정추진위원회 경남지부^{지부장 최형우} 현판식이 예정돼 있었다. 4월 27일 경남대 총학생회장 김성진과 김우용, 박성원, 허태유, 전창현 등 학생들은 2주일 후 마산에서 열릴 개헌 현판식을 앞두고 진주 촉석루에 모여 시위를 '예비음모'한다.

개헌 현판식을 이용, 경남대와 경상대·창원대·울산대 등 4개 대학 연합시위를 열기로 한 것이다. 경남대 총학이 시위준비를 책임지기로 하고

86년 5월 10일 신민당 개헌 현판식에 앞서 경남대·경상대·창원대·울산대 학생들이
마산 공설운동장에서 자체 집회를 열고 있다. 펼침막에 경남대·창원대·경상대 글씨가 보인다.

5월 3일부터 7일까지 총학생회장실과 9호관 휴게실에서 화염병 200개와
'민중해방', '민족통일', '민주쟁취'라고 쓴 머리띠 1000여 개, 펼침막과 현수
막 각 3개, 홍보 벽보 50여 매, '군사독재 타도하고 민주헌법 쟁취하자', '붉
은 피 솟구치는 5월을 다시 맞이하여' 등 제하의 유인물 6종 6000여 매를
제작했다.

　이 무렵 창원대학 총학생회 명의로 제작된 '전두환 군사독재의 사슬의
끊고 민중의 새 세상을 건설하자!'는 유인물이 남아 있는데, 일부 내용은
다음과 같다. 특히 이 유인물은 문장과 내용이 자못 비장하고 시적이며,
선동적이어서 글쓴이가 누구였는지 찾아보고 싶을 정도다.

"암흑과 고통의 수렁 속에서 생사의 기로를 헤매었던 이 땅의 민중은 이제 가슴 벅찬 희망과 평화의 시대를 맞이하고 있다. 이승만 박정희 독재정권을 쳐부수었던 자랑스러운 우리 마산시민과 경남도민은 이제 반외세 반독재의 기치 아래 혼연일체가 되어 전두환 군사독재 타도와 민중민주주의 사회의 건설이라는 역사적 필연적 요청에 부응하여, 오늘 역사변혁의 고장 이곳 마산에서 분노의 칼을 높이 들어 독재의 심장에 최후의 일격을 가할 것이다.

(중략)

지! 노동자와 농민을 위시한 수많은 민중이여! 이제 우리나라 민주주의의 보루 이곳 마산에서 우리의 함성을 드높이자! 삼남의 산과 들에 핏빛 진달래로 피어나 절규하는 3·15의거 희생 영령들의 목소리가 들리지 않는가? 궐기하라! 절규하라! 자유 아니면 죽음을!

이제 세계의 이목은 한반도 변혁의 서광에 집중되고 있다. 전국 민중의 갈망의 눈초리가 민주주의의 전진기지 이곳 마산을 지켜보고 있다.

아는가 마산시민이여! 경남도민이여. 한 줌도 채 안되는 전두환 군사독재정권은 이제 최후의 비명을 울리고 있다. 그들은 양키놈들의 후원 아래 이른바 보수대연합이라는 쥐구멍을 찾고 있다. 그들은 신민당의 정상배들에게는 조금 떼어주고 민중들에게는 아무것도 주지 않으려 하고 있다. 이것이 그들의 민주화 일정이다.

(중략)

일어서자! 민주주의를 염원하는 모든 이들이여! 오늘이야말로 전두환 군사독재정권을 깨부수는 결전의 날임을 명심하라! 우리가 잃을 것은 압제의 사슬! 우리가 얻을 것은 세계의 전부!

1. 광주학살의 원흉 전두환을 처단하자!

2. 미·일 외세를 이 땅에서 몰아내자!

3. 신민당은 군사독재의 편에 붙어 역사의 심판을 받을 것인지, 민중의
편에 서서 살아남을 것인지를 분명히 선택하라!"

이들은 7일 밤 진주 만우장여관에서 다시 각 대학 책임자와 '접선', 준
비상황을 최종점검하고, 마침내 10일 낮 12시 개헌 현판식오후 2시이 예정돼
있던 마산종합운동장 실내체육관 앞에서 집회를 시작했다.

당시 허태유와 전창현의 집시법 위반 판결문에 따르면 이들은 오후 2
시 400여 명의 학생들이 모여들자 스크럼을 짜고 연좌농성을 시작했다.

오후 5시 신민당의 대회가 끝나자 1000여 명의 시민·학생의 선두에 서
서 현수막을 앞세우고 산호동 신민당 경남 제1지구당 사무실 앞까지 행진
하고, 5시 45분께 현판식이 끝나자 다시 400여 명의 학생들과 함께 가야
백화점 앞까지 행진을 하는 과정에서 경찰과 충돌했다. 이에 학생들은 화
염병과 돌멩이, 벽돌조각 등을 던지는 등 6시 25분까지 격렬한 시위를 벌
였다.

이날 시위로 42명이 연행됐고, 경남대 한명철행정학과 3, 권호준2부 법학과 3,
강창훈법학과 2, 이성룡회계학과 2 등 4명이 구속됐으며, 김성진 김우용 등 수명
이 수배됐다.

이날 집회는 경남에서 열린 최초의 4개 대학 연합집회라는 의미를 갖
는다. 이때부터 5월과 6월 경남대·경상대·창원대 등 대학가에는 '구속학
생 석방'을 요구하는 시위가 끊임없이 이어졌다.

5·10 마산시위에 제작, 배포된 것으로 보이는 유인물 중에는 '경남 노동자·농민연맹' 명의의 '경남 노동자·농민 해방투쟁 실천선언'도 있었다. 내용 중 일부를 소개하면 이렇다.

"3·15의거와 부마민중항쟁의 뜨거운 피를 이어받은 경남의 노동자·농민은 억압과 착취를 불사르고 우리가 주인되는 새 세상을 기필코 쟁취하고자 투쟁의 횃불을 높이 들었다.

(중략)

우리는 한국 역사 발전의 새 전기를 마련한 5·3 인천해방투쟁에서 발표한 '일천만 노동자 해방투쟁선언'의 주장을 적극 지지한다.

(중략)

2·12총선을 통해 용솟음쳐 오른 노동자, 농민의 뜻을 철저히 배신하고 양키놈 앞잡이가 되어 또다시 반민족적 반민중적 정치집단으로 전락한 신민당 이민우·김영삼은 우리의 명백한 적이다. 우리는 민중의 뜨거운 열기를 외면하고 서명이나 하면서 삼반정권과 야합하는 것으로는 민주화가 이루어지지 않는다는 것을 분명히 안다. 우리는 바로 현 전두환 군사정권 삼반정권을 타도하는 투쟁을 통해서만 진정한 민주주의, 밥과 자유와 평화가 보장된 새 세상이 쟁취될 수 있다고 믿는다.

(중략)

이제 승리의 역사는 노동자·농민의 것!! 강고한 조직으로 파업투쟁, 부채상환 거부투쟁을 통하여 전두환 군사독재정권을 가차없이 쳐부수자!

노동자·농민 해방투쟁 승리 만세!"

신민당 개헌추진위 경남지부 결성대회 직후 쏟아져 나온 인파.

이처럼 학생과 노동자들의 유인물에서 공통적으로 등장하는 '이승만 박정희 독재정권을 쳐부수었던 자랑스런 우리 마산시민과 경남도민', '3·15 의거와 부마민중항쟁의 뜨거운 피를 이어받은 경남의 노동자·농민'이라는 표현에서 보듯, 당시 80년대 경남의 운동세대들은 '3·15와 부마항쟁'의 역사를 계승한다는 자부심을 투쟁의 원천으로 삼고 있었음을 알 수 있다.

특이한 것은 5·10 시위를 주도한 경남대 학생들이 반미투쟁을 위해 마산 오동동의 '아메리카 가정보험'을 점거하려 했다는 것이다.

마산경찰서는 6월 13일 김성진_{경제학과 4}, 김우용_{심리학과 4}, 박성원_{심리학과 4}, 염성용_{정치외교학과 2}, 허윤영_{정치외교학과 4}, 정용수_{사회학과 2} 등 6명을 집회 및 시위에 관한 예비음모 혐의로 구속했다. 이와 관련 김성진은 이후 인터뷰에서 이렇게 털어놓았다.

"(이미 5·10 시위를 주도한 혐의로 수배 중인 상황에서) 그땐 일할 만큼 하고 감방으로 가는 것을 '정리'라고 했는데 시기가 되었다는 내부의 결의에 따라 의미 있는 정리를 하기로 결정을 했죠. 그냥 시시하게 징역을 갈 수가 없어서 박성원, 김우용 선배, 허윤영 등과 의논하여 미국의 침략성과 대외 종속성 같은 문제를 폭로하는 선도 투쟁을 하기로 했습니다. (…) 미국계 보험사로 마산 시내에 있던 아메리칸 홈 어슈어런스, 지금의 AIG의 전신이죠. 그 당시에는 그런 보험회사가 있는 걸 아주 부자들만 극소수 알았겠지만, 그 보험회사를 찍고 거기를 점거농성하려고 계획을 짰습니다. 그 장소와 주위 물색 등은 당시 박영주 선배가 했던 걸로 기억됩니다. 그런데 어이없게도 점거농성을 하기로 했던 그날 새벽에, 자취방에서 나하고 박성원, 김우용 선배, 허윤영, 이돈열, 후배들하고 8명이 자고 있다가 몽땅 잡혀 버렸어요. 뒤에 알고 보니 누군가 밀고를 한 것이었는데, 한참 후 내부 배신자가 2명이라는 게 밝혀졌지만 초기엔 제가 오해를 받기도 했죠. 제대로 싸워보지도 못하고 잡혀가 버렸죠." (김성진, 엄청난

민중의 힘, 6월항쟁, 〈항쟁의 시대와 그 기록 1 증언록〉, 6월민주항쟁20주년기념경남추진위, 2008)

경상대 학생운동도 운동권 출신 김현규경영학 4 씨의 총학생회장 당선과 함께 86년 활발하게 전개되었다. 학생들은 마산 5·10 시위 이후에도 5월 20일부터 22일까지 사흘간 '광주항쟁 실천 계승대회'를 열어 교문 앞에서 시내 진출을 저지하려는 경찰과 격렬한 투석전을 벌였다.

공개 투쟁조직의 출범

2학기에는 각 대학에서 공개적인 운동권 조직이 모습을 드러냈다. 특히 경남대의 경우 86년 2학기부터 임기가 시작되는 총학생회장에 비운동권 후보가 당선되자 가장 먼저 투쟁조직을 띄웠다.

9월 11일 총학생회 발대식에서 예정에 없던 교문 화염병 시위를 주도한 경남대 운동권 학생들은 다음날인 12일 10·18광장에서 '반제 반파쇼 민족해방 민중민주 투쟁위원회민해투' 발대식과 '86 아시안게임 제1차 저지대회'를 열었다.

이 투쟁을 주도한 김진갑사학 4, 서종국문학 4, 박철민심리학 3 등의 집시법

위반 판결문을 보면 이날 발대식을 마친 학생들은 후문으로 진출, 제일 여고 앞까지 가두투쟁을 벌인 것으로 되어있다.

이때부터 이듬해 6월항쟁에 이르기까지 경남대의 투쟁은 '민해투'가 총학을 대신하여 주도하게 된다.

창원대도 10월 7일 공개적인 투쟁조직인 '민족자주화 민중민주화 투쟁위원회자민투'가 출범하고, 경상대에서도 10월 16일 '민족자주화 민중민주화 투쟁위원회자민투'가 연이어 발족하게 된다.

창원대 자민투 발대식에는 80여 명이 참석했는데, 이 중 30~40여 명이 경남대에서 원정 온 학생들이었다고 한다. 이 때문에 창원대 교수들이 집회를 저지하면서 "다른 학교 학생들이 왜 왔느냐"며 언성을 높이기도 했다고 한다.

10월 24일 경상대에선 개척대동제 종야제를 마친 후 총학생회 주최로 최대 규모의 인원인 2000여 명이 참석한 가운데 '교문투'가 벌어지고, 10월 25일에는 경남대와 창원대생들이 공동으로 마산 시내에서 기습시위를 벌인다.

이날 오후 7시 마산 창동 학원사 앞길에 창원대 박유호, 경남대 김진갑 등이 60여 명의 학생과 함께 "친미 군사독재 타도하여 민중정부 수립하자" "부마항쟁 계승하여 친미 군사독재 타도하자", "헌법특위 분쇄하고 민중의 힘으로 직선제 쟁취하자" "장기집권 획책하는 용공좌경 조작음모 분쇄하자" 등 구호를 외치며 '남성동파출소 진격투쟁'을 벌인 것.

이들은 화염병을 던지며 150여m까지 진격했으나 곧이어 몰려든 경찰에 저지당했다.

또한 1명이 구속되고 1명이 29일간 구류를 살았다고 한다. 당시 이 시위에 참여했던 창원대 조재석 씨는 "이날 남성동파출소를 향해 던졌던 화염병이 하나도 파출소에는 맞지 않고 오히려 투쟁에 참가했던 학생들이 화상을 입는 일이 벌어졌다"고 회상했다.

또 이 사건 판결문에는 시위 주동 학생들이 시위에 앞서 "마산 동중학교에서 선창할 구호를 연습"하기도 했다고 한다.

그만큼 이때까지만 해도 시위에 익숙하지 않았던 학생들이 열정으로 집회를 조직하고 시위를 준비했음을 엿볼 수 있다.

시위대와 경찰의 투석에 대비, 합판과 그물을 설치하고 있는 마산 산호동 썬스타호텔 직원들.

겨울방학에도 계속된 투쟁

11월에도 학생들의 시위는 계속됐다. 창원대는 교무과와 행정과를 점거, '살인마 전두환은 물러가라'며 농성을 벌였고, 이 사건으로 2명이 제적되고 4명이 무기징역을 당했다. 경남대도 김진갑·박재혁 등 100여 명이 도서관을 점거, 18시간 동안 농성을 벌였다.

이들 대학가의 투쟁은 겨울방학과 함께 잠시 소강상태로 접어든다. 하지만 곧이어 87년 1월 14일 서울대생 박종철이 치안본부 남영동 대공분실에서 고문으로 사망하는 사건이 발생하면서 대학가에 유례가 드문 방학 중 투쟁이 불붙게 된다.

1월 25일 경상대 신입생 오리엔테이션에서 총학생회와 동아리연합회가 '박종철 추모 침묵시위'를 벌인 것을 시작으로, 26일에는 경남대 총학생회와 민해투 공동주관으로 '살인고문 규탄대회 및 고 박종철 동지 추모제'가 100여 명이 모인 가운데 열렸다.

참석자들은 추도사와 추모시 낭독에 이어 〈꽃상여를 타고〉라는 추모가를 눈물을 흘리며 불렀다. 마침내 한국의 역사를 다시 쓰게 된 87년 항쟁이 시작된 것이다.

87년 1월 26일 경남대에서 열린 살인고문 규탄대회 및 고 박종철 동지 추모제.

조재석 씨.

창원대 '지하 운동권'
조재석씨

창원대 84학번인 조재석씨는 85년 봄부터 골방에 모여 '학습'을 하고 시위를 기획했던 운동권 학생이었다. 그러나 창원대 학생들 중 그를 아는 사람은 별로 없다고 한다.

그도 그럴 것이 단 한 번도 공개조직에서 직책을 맡아 본 적이 없이 철저히 '언더 조직'에만 속해 있었기 때문. 6월항쟁 이후에 발간된 창원대 교지 <봉림문화> 87년호에는 '87 창대 학생활동과 6월투쟁'이라는 기획 글이 실려 있는데, 진광현 씨가 필자로 돼 있다.

그러나 실제 필자는 조재석 씨였다. 당시만 해도 조 씨는 '언더'에 있었기 때문에 공개된 인물인 진 씨의 이름을 빌렸다는 것이다.

그는 '민속문화연구회 한마당'라는 동아리에 가입했는데, 85년 4·19행사를 준비하면서 학생운동에 눈을 떴다고 한다.

"당시 언더그룹에서는 '기록을 남기지 말 것'과 '사진 찍지 말 것'이 철칙이었어요. 경찰에 증거를 남기지 않기 위해서였죠."

당시의 집회는 형식적으로 총학생회가 주최하는 모습이었지만, 실제 집회를 기획하고 준비하는 것은 언더그룹의 몫이었다. 하지만 그때까지만 해도 시위의 경험이 많지 않았던 터라 시행착오도 속출했다.

"5·10 신민당 개헌 현판식 때였어요. 지금 생각하면 웃음이 나오는 일인데, 이날 싸움을 위해 화염병을 만들었죠. 그런데 화염병을 사용해본 경험이 없었던 터라 소주병을 이용하지 않고 박카스 병으로 만들었어요. 작아서 운반하기도 좋고, 경찰의 검문도 피할 수 있었기 때문이죠. 마침내 경찰과 대치한 지점(산호공원 입구)에서 박카스 화염병을 던졌는데, 하나도 깨지지 않고 방패에 부딪히면서 '틱'하는 소리만 내고 바닥에 떨어져 버렸어요. 화염병 역할을 전혀 못 한 거죠."

11장

박종철의 죽음과
2·7국민추모회

1987년 1월 14일 치안본부 서울 남영동 대공분실에서 조사를 받던 서울대생 박종철이 고문으로 숨지는 사건이 발생했다. 이 사실은 다음날인 15일자 〈중앙일보〉 사회면에 '경찰 조사받던 대학생 쇼크사'라는 평범한 제목의 2단 짜리 기사로 알려졌다. 그러나 기사의 파장은 컸다. 경찰은 자체 진상조사 결과 책상을 '탁' 치니 '억'하며 쓰러져 병원으로 옮겼으나 숨졌다고 발표했다.

이처럼 유치한 경찰의 거짓말은 국민의 분노에 기름을 끼얹은 격이 됐다. 이후 〈동아일보〉의 끈질긴 추적취재로 물고문 사실이 드러나고, 이후 천주교 정의구현사제단에 의해 축소조작 사실까지 밝혀지면서 거대한 국민의 분노는 6월항쟁으로 이어진다.

2·7 국민추도회로 항쟁 점화

경남에서도 박종철이 숨진 지 열흘이 지난 1월 25일 경상대 신입생 오리엔테이션에서 총학생회와 동아리연합회 주최의 '박종철 추모 침묵시위'를 시작으로 곳곳에서 추모제와 진상규명을 요구하는 시위가 줄을 잇게 된다.

25일 경남대에서도 '살인 고문 규탄대회 및 고 박종철 동지 추모제'가 열렸고, 2월 2일 오후 7시 마산 남성동 성당에서는 천주교 마산교구 사제단과 평신도사도직협의회, 정의평화위원회, 수녀연합회 공동주최로 '고문 종식과 민주화를 위한 미사'가 열렸다. 이날 미사에서 '우리의 다짐 - 이

정권의 배후에 도사린 도덕성의 타락을 고발한다'는 성명서가 발표되었는데, 일부 내용은 다음과 같았다.

> "우리는 박종철 군의 처참하고 눈도 감지 못한 채 화장당한 의로운 죽음을 듣고 형언할 수 없는 경악과 분노를 느꼈다. 그리고 그 유족들의 참담한 슬픔에서 밤을 세워 같이 울고 십자가 아래 계시는 성모님을 생각해본다.
>
> (중략)
>
> 이 고문살인사건이 보여주는 첫 번째 놀라움은 이 사건이 한두 사람 말단 경찰의 과실로 일어난 것이 아니라는 점이다. 손찌검이나 발길질로 시작되는 고문은 전기, 전자봉고문으로 이어지고 심지어는 약물고문에까지 이른다고 한다. 고문의 종류도 다양하거니와 그 악랄함도 나찌의 게슈타포나 일제 순사들의 그것을 초월하고 있음을 듣는다. 이 야수적 폭력이 일반화, 상례화되어 있을뿐더러 책임있는 사람들에 의해서 묵인·용인·조장되고 있는 현실을 개탄하며 우리는 그 모든 제도나 조직을 양심적으로 거부한다."

전국적으로 조직적인 투쟁이 확산한 것은 '고 박종철 군 국민추도회 준비위원회'가 정한 2월 7일 국민추도일 집회가 시작이었다. 경남에서도 '고문 종식과 민주화를 바라는 경남도민 및 제 민주화운동단체' 주최로 2·7 고 박종철 군 국민추도회를 오후 2시 마산 가톨릭여성회관에서 열기로 했다. 마산 이외에도 거창성당 등 도내 8곳에서 2·7 추도회가 예정됐던 것으로 알려져 있다.

마산 가톨릭여성회관에서 열릴 예정이었던 2·7국민추도회를 알리는 전단.

당시 유인물을 보면 마산 추도회 참가단체는 가톨릭노동장년회 마산 교구연합회, 가톨릭사회교육회관, 가톨릭여성회관, 가톨릭 정의평화위원회, 경남민주노조쟁취위원회, 경남민주통일민중운동연합, 민주산악회 경남지부, 민주헌정연구회 경남지부, 신한민주당 경남제1지구당^{마산}, (주)통일노동자생존권쟁취투쟁위원회, 한국가톨릭농민회 경남연합회, 한국기독교장로회 한교회, 한국기독청년경남협의회 등 13개 단체였다. 이후 행사계획서에는 의창군농민회와 와이엠시에이가 참가단체로 추가되어 있다.

유인물 뒷면에는 2월 7일의 국민 행동요령이 이렇게 적혀 있다.

-추도의 리본(검은색, 흰색)을 달고 오후 2시에는 추모 묵념을 합시다.

-오후 2시에 자동차는 경적을 울리고 교회와 사찰은 타종을 합시다.

-추도회에 참석하시는 분은 반드시 꽃한송이를 갖고 와 헌화합시다.

이어 '전두환 살인·고문정권의 응징을 위한 국민 실천 지침'도 적혀 있다.

1. 우리의 세금으로 사람이나 죽이는 정권에겐 세금을 내지 맙시다.
2. 다가오는 모든 선거에서 민정당 살인집단에게 한 표도 주지 맙시다.
3. 고문살인 일삼는 폭력 경찰·검찰에 항의, 경고 전화를 겁시다.

남아 있는 '행사계획서'에 따르면 1부 추모식에 이어 2부 고문사례 폭로 및 규탄대회에서 성명서 채택과 '전두환 군사독재정권에게 보내는 공개 경고장', '치본치안본부, 안기부, 보안대에게 보내는 공개 경고장', '마산케이비에스, 엠비시, 경남신문에 보내는 공개 경고장'을 낭독할 예정이었다.

그러나 경찰은 이날의 집회를 저지하기 위해 2월 6일 밤 11시40분 마산동부경찰서 소속 수사과·정보과 형사와 전경 등 50여 명을 가톨릭여성회관에 기습 투입, 추도회 준비물과 시위용품을 모두 압수했다.

2월 7일 새벽 '고 박종철군 경남도민추도회 준비위원회' 명의로 발표된 규탄 유인물은 당시 상황을 이렇게 기록해놓고 있다.

"경찰은 이경민 판사 명의로 된 압수수색영장을 소지하고 와 회관의 문을 열 것을 요구했으나 회관 직원은 당연히 이를 거부했다. 그러나 경찰은 창문을 비틀어 제끼고 난입하여 3층 건물 전체를 샅샅이 뒤져서 '고 박종철군 추도회 및 고문살인 규탄대회', '종철이를 살려내라', '타도! 학살정권' 등이 적힌 현수막과 '살인고문 자행하는 군사독재 타도하자', '용공조작 분쇄하여 장기집권 저지하자' 등이 적힌 피켓 20여 개, 추도회를 알리는 홍보전단 수천 매, 각종 유인물, 자료집 등을 압수해갔다.

(중략)

우리는 이번 경찰의 심야 난입·압수수색을 '추도식 준비물 강탈사건"으로 규정하고 이를 규탄해마지 않지만, 이번 압수수색영장 집행의 적법성 여부 (집시법 적용하여 무차별 압수수색)에는 이미 관심이 없다.

(중략)

한 꽃다운 젊은이를 고문살인하고도 국민을 기만하더니, 이번에는 범국민적인 추도식을 원천봉쇄 운운하며 방해하기에 혈안이 된 현 정권의 작태가 가소로울 뿐이다."

지역언론의 눈물겨운 정권 옹호

가소로운 것은 경찰의 작태뿐 아니었다. 경찰은 6일 밤 경남대에서도 "자체 대학구내 수색을 벌여 추도회 행사 안내전단 및 불온유인물 30여 매를 압수"했다. (《경남신문》 87년 2월 7일자 11면)

대학의 교직원 뿐만 아니라 언론인들도 정권 유지를 위한 용병에 다름 아니었다. 2월 5일 자 〈경남신문〉에는 이광석 이사^{시인}의 이름으로 '입춘대길 봄은 오고 있는데···2·7 명동집회를 보는 우리의 우려'라는 칼럼이 실렸다.

언론인이자 시인답게 당시의 정국을 "봄은 오고 있"다고 표현한 이광

석은 "특히 이번 대회가 인천사태와 같은 혼란사태의 재연이 예상되는데
다 시기적으로 개학과 더불어 시작될 운동권을 포함한 극렬재야세력의
이른바 '춘투'와 바로 연결될 가능성도 없지 않아 우리의 우려는 실로 큰
것이다"고 걱정하고 있다.

경남신문 칼럼 '입춘대길 봄은 오고 있는데'

이광석은 이어 "잘 알다시피 이번 사건을 정략적으로 이용할 경우 당
국의 분석처럼 '또다시 사회불안이 조성되고 국민에게 크나큰 고통을
안겨주게 될 것이며 불법적 선동집회를 잇달아 열고 악의적인 유언비
어를 유포하게 되면 운동권 재야를 더욱 자극, 결국은 인천사태와 같
은 위험한 소요사태를 초래할 것이 아니냐'는 우려를 저버릴 수 없다"
고 경고한다.

독재정권이 전가의 보도처럼 사용해온 '용공' 공세도 잊지 않는다.

"또한 '좌경용공분자들에게 또 다른 발호의 기회를 제공, 우리의 자유민
주주의 체제를 전복하려는 좌경 용공세력들의 기도를 부추기는 결과로
서 이는 궁극적으로 북괴를 이롭게 할 것'임도 냉철히 생각해봐야 하지
않을까 싶다."

그의 글은 시인(?)답게 계절을 끌어와 이렇게 끝을 맺고 있다.

"우리 말에 '입춘, 거꾸로 붙였나?'는 얘기가 있다. 입춘 지난 뒤에 날씨
가 몹시 추워졌을 때 쓰는 말이다. 이제 입춘도 지났다. 건양다경(建陽多
慶), 따뜻한 봄기운이 추위를 녹이고 얼음장도 녹일 것이다. 자연의 순리
처럼 우리의 정치문화에도 화락(和樂)의 새봄이 충만했으면 하는 생각
간절하다."

글이란 정말 무서운 것이다. 수십 년, 수백 년이 지나도 이렇게 기록으
로 남기 때문이다. 이 칼럼이 실린 날 〈경남신문〉 1면 머리기사의 제목은
'2·7 명동집회 엄중대처'였고 부제목은 '김 법무 담화 유인물 내용 체제전
복 노려…안정 위한 정부조치 깊은 이해 당부'였다. 10면에는 관련 상자기
사도 실렸는데, 제목은 '좌경·용공세력 발본색원'이었다.

이처럼 언론까지 동원한 정권의 원천봉쇄에도 불구하고 2월 7일 당일
미리 가톨릭여성회관 안에 들어가 있던 20여 명의 주최 측 인사들은 오

후 2시쯤 건물 3층 옥상 바깥으로 현수막을 내걸고 스피커를 설치했다. 경찰의 행사장 봉쇄로 가톨릭여성회관 안에 들어오지 못한 학생 200여 명은 길 건너편 양덕성당에 집결했고, 인근 마산역 광장에도 1000여 명의 시민이 모였다.

오후 2시 회관 옥상에서 추도시 낭송과 고문살인 규탄성명서 낭독이 시작됐다. 양덕성당 마당에 모인 학생들이 구호를 외치고 노래를 부르며 행사장 진입을 시작했으나 경찰은 최루탄을 발사했다. 밀고 밀리는 사이 마산역 광장 일대에는 거의 2000여 명의 시민들이 운집해 있었다. 역 광장에서는 스크럼을 짠 시위대열이 형성돼 경찰과 대치했다. 돌과 최루탄이 오가는 공방전은 오후 5시 20분까지 계속됐다. 이날 시위로 모두 30여 명이 경찰에 연행됐다.

하지만 이날의 시위경험은 박종철 군의 49재이자 전두환 대통령 취임 6돌을 맞는 3월 3일의 전국적 시위로 확산된다.

마산 양덕성당과 가톨릭여성회관 사이를 막고 있는 전투경찰과 차량.

경찰의 원천봉쇄에 따라 주최측이 가톨릭여성회관 옥상에서 행사를 진행하고 있다.

12장

87년 3월에서 4·13까지

87년 2월 7일 마산역 광장에 모인 시위대의 가두진출을
저지하기 위해 전투경찰이 역 진입로를 가로막고 있다.

2월 7일 고 박종철군 국민추도회 이후에도 경남도민의 투쟁은 끊임없
이 이어졌다. 2월 12일 사천기독교연합회는 '고문은 종식되지 않는다'는
성명서를 통해 "우리는 박종철 군의 죽음을 깊이 애도하며 (⋯) 이땅에 고
문이 종식되는 민주화와 인권의 회복을 위해 우리는 온 교회와 성도들이
최선의 노력을 경주하며 오늘 우리 민족이 당하는 고난과 아픔에 혼연이
함께 참여하여 나아갈 것을 다시 한 번 다짐"한다고 밝혔다.

2월 15일 오전 10시에는 민주산악회 마산지부가 무학산 완월폭포에서
50명의 회원들과 민주인사가 참여한 가운데 '살인정권 타도하여 문민정치
구현하자'는 플래카드를 들고 '고 박종철 군 추도식'을 열기도 했다.

이런 와중에 2월 24일 (주)통일에서는 기관원들과 공장장 등 관리자
수십 명이 노동조합 총회소집을 추진 중이던 유해춘 씨의 사물함을 부수

고 서명 용지와 노트를 강탈해갔으며 한용덕 씨를 구타하고 수명의 노동자들을 회사 내에 밤늦게까지 감금하는 일이 벌어졌다. 당시 유해춘 씨 등은 비밀리에 회사 측과 임금교섭을 벌여온 어용노조에 대해 노조민주화운동을 벌이고 있었다. 회사는 유 씨와 서모 씨 등을 해고했다.

이런 탄압에도 불구하고 (주)통일 해고자들은 〈통일노동자신문〉을 끊임없이 발행하면서 투쟁을 계속했다. 초기 150부였던 이 신문은 87년 4·5월 500부로 늘어났다고 한다. (김하경, 〈내사랑 마창노련 상〉, 갈무리, 1999)

또 마산수출자유지역의 한국수미다전기에서도 노조 결성 투쟁이 이어지고 있었고, 마산의 택시회사인 금성교통에서도 3월 3일 조합원 50여 명이 해고철회 등을 요구하며 파업농성을 벌였다.

대우중공업 창원공장 노동자 1000여 명이 2월 26일 자연발생적으로 기만적인 임금협상에 항의하며 파업에 들어갔다. 파업은 28일 회사의 감시와 협박에 의해 잠시 중단됐으나, 3월 3일부터 자연스럽게 중식거부와 잔업거부로 이어졌다. 이 투쟁은 3월 7일까지 이어졌는데, 6월항쟁 이후 폭발하게 된 7·8·9노동자 대투쟁의 전주곡인 셈이었다.

이처럼 3월 3일은 대우중공업과 금성교통의 투쟁이 있었던 날이기도 하지만, 당시 전두환에게는 대통령 취임 6주년이 되는 날이었고, 민주화운동세력과 국민에게는 박종철 군이 고문으로 억울한 죽임을 당한 지 49재가 되는 날이었다.

87년 3·4월의 언론보도

이처럼 여러 가지 사건과 의미가 중첩되는 날, 유일한 지역신문이었던 〈경남신문〉의 1면 머리기사는 뭐였을까. '전 대통령 취임 6돌 치적-내외인사 10만여명 접견-현장 직접 확인 분주한 나날-해외순방 7회·국내출장 11만km-청원 6만 8천여 건 해결'이었다.

신문사의 입장을 전하는 그날의 사설은 뭐였을까. '가두시위 언제까지-3·3 정치대행진의 우려'였다. 주최 측이 '고문추방 국민대행진'이라고 명명한 박종철 군 49재 행사를 '정치대행진'으로 이름까지 바꿔버린 사설은 "이른바 '3·3대행진'은 정치적 위기감을 부채질하면서 가뜩이나 스산한 국민들의 가슴에 불안한 회오리바람을 몰아붙였다"고 규정했다. 그러면서 "그동안 우리는 정치, 경제, 사회의 지속적인 발전을 위해 대다수 국민들이 안정을 바라고 있다는 사실과 함께 일부 불순세력의 작태에 혐오감마저 느끼고 있음을 확인하고 40년 피땀 흘려 이룩해온 안정과 번영을 우리 손으로 지켜야 한다는 다짐을 분명히 한 바 있다"고 주장하고 있다.

또 사회면에는 '대검, 3·3행진 처리지침 시달-행진에 참가해도 처벌-해산명령 불응 모두 연행키로' '학생 가담 적극 저지-문교부, 박군 49재 관련 지시' 등의 협박성 기사가 실렸다. 3·3대회 다음날인 4일자 사회면 머리기사는 '경남대생 전방부대 입소교육 현장을 가다'라는 명패와 함께 '분단의 현실 뼈저리게 느껴'라는 큰 제목이 붙어 있었다. '전방부대 입소교육'이란 당시 학원의 병영화 정책으로 대학생들도 의무적으로 교련 과

목을 이수하게 했고, 연 1회 군부대에 직접 입소해 군사훈련을 받도록
한 제도를 말한다.

이런 식으로 국민의 민주화 요구를 봉쇄하기 바빴던 이 신문의 기자
들은 한 달 후인 4월 7일 신문의 날을 맞아 아이러니하게도 '시일야 방성
대곡'으로 일제의 국권침탈에 항의했던 언론인 장지연의 묘소를 참배했
다는 기사가 실려 있다.

또 전두환의 4·13 호헌조치가 발표된 날의 1면 머리는 '전 대통령 특
별담화'라는 명패를 달고 '현행 헌법으로 내년 정부 이양-혼란 막게 소
모적 개헌논의 지양 - 정치에도 신진대사 이뤄져야'라는 제목을 겹겹이
달았고, 사회면에는 '전 대통령 특별담화 각계 반응'을 실었는데, '안보·
안정 다지는 불가피한 조치'라는 큰 제목과 '점진적 민주화 개혁 큰 기
대-국력낭비·국론분열 막을 결단'이라는 부제가 붙었다. 이 기사에서
국민반응으로 소개된 사람들은 박원근 반공연맹이사장, 홍숙자 한국여
성단체협의회 회장, 김용대 대한상이군경회장, 김동인 한국노총위원장,
이해랑 예술원장, 조경희 예총회장, 윤한도 민정당 경남도지부 사무국
장, 의현 대한불교조계종 총무원장, 김영구 마산지방변호사회 회장 등
이었다.

마산·창원·진주, 그리고 거창에서

정부와 언론의 이런 '일심동체' 속에서도 3월 3일 고문추방 국민대행진의 날은 밝았다. 진주의 경우 경상대 민주광장에서 '고 박종철군 49재 추모대회'가 열렸다. 고문 추방 등의 구호를 내걸고 묵념을 시작으로 거행된 추모대회는 총학생회장의 분향과 부회장의 추모사, 그리고 사회부장의 고문살인 경과보고 등의 순서로 진행돼 총여학생회 회장의 추모사를 끝으로 막을 내렸다. 추모식 이후 250여 명의 학생이 전경들과 1시간 정도 대치하였으나 경찰의 저지선을 뚫지 못했다.

마산의 경우 경남대 10·18광장에서 '고 박종철군 49재 및 고문종식 결의 실천대회'가 열렸다. 100여 명이 참석한 대회는 추모 묵념과 경과보고, 민노래 제창, 제5공화국 고문사례 발표, 추도시 낭송, 성명서 및 결의문 채택으로 진행됐다. 학생들은 집회를 마친 후 교문 밖으로 진출, 마산~충무 간 국도를 차단하고 시위를 벌였으나 최루탄을 쏘며 진압해오는 경찰에 밀려 교문 앞에서 격렬한 투석전이 벌어졌다.

또 창원대에서도 200여 명의 학생이 '고 박종철 군 49재 추모제'를 열었다.

경남대생들은 3월 16일에도 교내 10·18광장에서 100여 명이 모인 가운데 제27주년 3·15기념식 및 직선제 개헌 쟁취 실천대회를 열었다. 학생들은 이날에도 마산~충무 간 국도를 차단하고 경찰과 치열한 공방전을 벌이다 오후 5시 35분 해산했다. 이날 시위로 7명의 학생이 연행됐으며, 그중 2명은 구류처분을 받았다.

마산·창원과 진주 등 도시지역 외에는 유일하게 거창군 거창성당에서

87년 3월 21일 거창에서 열린 농가부채 보고대회.

2월 7일 '고 박종철 군 추모미사'가 열린 것으로 알려져 있다.

거창은 특히 거창군농민회회장 표만수를 중심으로 거창성당이윤호·이은진 신부과 갈릴리교회유성일 목사 등이 힘을 합쳐 다양한 투쟁을 전개한다. 3월 21일 거창지역 농가부채 조사 보고대회를 열었으나, 경찰과 군청, 읍·면·동 직원들이 대회장을 봉쇄하는 일도 있었고, 4월 6일에는 거창성당에서 농민 권익 향상을 위한 미사가 열리기도 했다.

또 4월 7일에는 황인성 농림수산부 장관이 거창을 방문, 경남도지사와 도내 시장·군수 등 400여 명이 모인 가운데 거창읍 중동 한들에서 못자리 시연회를 가졌는데, 농민들이 구호를 외치며 행사장으로 뛰어드는 사건이 발생했다. 표만수 회장과 정신화, 조종주, 김언묵씨 등은 황인

성 장관이 막 시연을 하는 순간 사회자의 마이크를 빼앗아 "농가부채 해
결하라" "3월 21일 거창지역 농가부채 조사보고대회를 방해한 거창군수
와 경찰서장은 공개사과하라"며 고함을 질렀다. 이들이 유인물을 뿌리기
시작하자 거창군수는 사색이 된 채 농민들을 쫓아다니며 유인물을 빼
앗으려 했고, 경찰서장은 농민의 머리채를 잡아끌며 사태를 수습하려 했
다. 이날 사건으로 농민 4명 전원이 구류처분을 받았다. (거창군농민회, 〈거창농
민신문〉, 1987년 7월 15일자)

87년 4월 7일 거창지역 복음화와 농민권익 향상을 위한 미사가 열린 거창성당.

87년 4월 시국미사가 열린 거창성당 앞에 전투경찰이 배치되고 있다.

진주 대아고 학생들의 고교민주화 투쟁

당시의 또 하나 빼놓을 수 없는 사건은 진주대아고등학교의 고교생 민주화투쟁이다.

3월 10일 오전 8시 30분 대아고교장 심성재 학생 10여 명은 '보충수업비 환불대책위원회' '직선제 추진위원회' 명의로 된 '보충수업비 횡령에 우리는 분노한다', '직선제 쟁취하여 자주권 회복하자'라는 유인물 두 가지를 2·3학년 학생을 대상으로 뿌렸다. 이어 운동장에 모인 학생들은 교사들의 만류로 다시 교실에 들어가 자체 토론회를 갖고 교장과 면담했다.

면담에서 합의점이 나오지 않자 학생들은 4교시를 끝나는 종과 함께 3학년 모두 운동장으로 나와 스크럼을 짜고 구호를 외치며 시위를 벌였다. 이들의 요구 중에는 '우리는 입시 상거래를 위한 지식전달이 아닌 자주성, 창조성, 민주성을 기르는 인간교육을 원한다', '우리의 선생님들을 과다한 수업에서 해방시켜라'는 내용도 포함돼 있었다.

'직선제 쟁취하여 자주권 회복하자'는 유인물 내용 일부를 소개하면 다음과 같다.

"학우여! 진정한 교육을 원하는 학우들이여, 이제 더이상 이대로 보고만 있을 수는 없지 않은가? 학교는 부패한 자들로 들끓고, 우리들의 가슴은 울분으로 멍들어가는데 어찌 더이상 이것을 보고만 있을 텐가?
입 있는 자 말하고, 몸뚱이 있는 자 싸워서 학생회를 우리 힘으로 되찾자.
오늘 우리의 싸움을 부당하다고 말하는 자는 부패한 교육자들 뿐일지니,

의로운 이 모두 우리에게 박수를 보낼 것이다. 자, 오민의 건아들이여, 무엇이 두려운가? 분연히 일어나 오민의 교육장을 부패한 무리로부터 되찾자. 이미 썩어버린 교육을 우리의 힘으로 되살리자!

자! 학우들이여 나가자, 운동장으로!"

학교는 박동주 등 주동자 2명을 제적시키고 10여 명을 무기·유기정학 조치했다. 이들 학생은 2~3일 후 진주경찰서 대공과에 잡혀가 조사를 받았는데, 주로 "배후조종자가 누구냐"는 추궁이었다. 이 과정에서 이미 86년 2학기를 끝으로 학교를 그만둔 불어교사 문진헌 씨가 배후로 지목됐다. 경찰은 문 씨를 전국에 수배했다. 문 씨는 현장노동자로 위장취업하기 위해 4월 19일 용접기사 시험 준비를 하고 있었는데, 4월초 자신의 사진이 붙어 있는 수배전단을 발견하고 부산으로 피신했다.

문 씨는 이후 필자와 대화에서 "6월항쟁이 끝난 후 마산시외버스터미널 인근 다방에서 경남도경 공안분실 경찰관을 만나 진술서를 쓴 후에야 수배에서 해제될 수 있었다"며 "6월항쟁이 없었더라면 계속 쫓기는 몸이 됐든지, 감방에 갔을 것"이라고 회고했다.

또 당시 제적당한 박동주 씨는 "학교에서 징계를 받은 후 학교에 찾아가 복교를 요구하는 시위를 하기도 했으나 부모님들께 끌려나오기도 했다"며 "6월항쟁 이후 제적에서 자퇴로 감경됐으나 결국 검정고시를 통해 고졸학력을 가질 수 있었다"고 말했다.

13장

'4·13호헌' 후
지역유지들은 뭘 했을까

87년 4·13 호헌조치에서부터 6·29 대국민 항복선언에 이르기까지 전 국민적인 분노가 불타오르던 시기, 당시 기득권 세력들은 뭘 하고 있었을까.

전두환의 4·13 호헌 발표가 있던 그 날 유일한 지역신문이었던 〈경남신문〉의 1면은 '현행헌법으로 내년 정부 이양' '고뇌에 찬 역사적 결단' 등 기사로 도배됐고, 사회면 머리기사도 '안보·안정 다지는 불가피한 조치'였다는 것은 앞에서도 밝힌 바 있다. 그 후 6월항쟁에 이르기까지의 보도도 정권옹호 일색이었다.

항쟁 불타오르는데 꽃씨 뿌리기 행사?

15일 자 사회면은 '개헌논의 빙자 불법행동 엄단, 김 법무 지시 전국 공안검사 비상근무체제 돌입, 중범자엔 법정최고형 구형'이란 기사가 나왔는데, 그 옆에는 '봄맞이 대청소'라는 제목으로 사진이 실려 있다. 비상한 시국에 비해 참으로 한가롭게 여겨지는 풍경이었다.

17일 사회면에 보도된 '꽃씨 뿌리기 시범행사'도 그랬다. 당시 경남도지사였던 조익래를 비롯한 도단위 기관장과 도청·창원시청 직원 550여 명이 창원시청과 중앙로터리변에서 백일홍과 맨드라미·봉선화 등 꽃씨를 뿌리고 잡초를 뽑았다는 기사였다.

22일에는 '급진좌경 의식화 오염방지 주력'이라는 무시무시한 기사 옆에 〈경남신문〉 박정명 사장이 진해 이충무공호국정신선양회^{회장 이상인}

로부터 진해군항제 행사에 대한 협조와 성원에 감사하는 표시로 감사패를 받았다는 기사와 사진이 실려 있다.

반상회 열어 호헌조치 정당화 안간힘

27일에는 전국적으로 일제히 반상회가 열렸는데, '우리마을 반상회'라는 명패와 '4·13담화 배경·의미 설명'이라는 제목으로 이날 도내에서 열린 반상회의 내용들을 소상히 소개하고 있다. 재미있는 것은 모든 시장·군수와 간부들은 물론 경남도지사와 부지사, 실·국·과장들까지 총출동, 4·13호헌조치가 나라 안정을 위한 최선의 결단이었다고 주민들에게 강변했다는 것이다. 그만큼 당시 정권이 전국의 행정력을 총동원, 국민적인 항쟁을 저지하기 위해 안간힘을 썼음을 알 수 있다. 이날 조익래 도지사는 창원시 내동사무소에서 열린 반상회에 참석했는데, "4·13 특별담화의 배경을 설명하고 있는 조익래 지사"라는 설명과 함께 사진도 실려 있다.

또한 이날 반상회에서는 "28일 하오 7시를 기해 전국에서 일제히 실시되는 '쥐잡기운동에 다함께 참여하자'는 내용이 공지사항으로 전달됐다"고 전하고 있어 쓴웃음을 짓게 한다.

5월 1일에는 5일간의 일정으로 마산시민의 날 축제가 개막됐고, 법의 날을 맞아 마산시근로청소년복지회관 강당에서 도지사와 마산지법원장·마산지검장 등 300여 명이 참석한 가운데 준법정신 함양에 앞장서온 7명에게 표창을 수여했다.

당시 거창군농민회원들의 '골방' 회의 모습. 신문지를 발라놓은 벽과 찌개 등이 정겹다.

당시 거리에는 전투경찰이 상시 배치됐고 행인에 대한 불심검문이 일상화했다.

총장들, 교수 시국선언 탄압 혈안

5월 들어 민주화와 박종철 군 고문치사 사건 진상규명을 요구하는 국민적 항거가 더욱 격렬해지는데, 7일 오후 8시에는 가톨릭 마산교구 소속 신부와 수녀·신자 등 1000여 명이 시국관련 특별미사를 갖고 한국은행 마산지점까지 침묵시위를 벌이기도 했다.

다음날인 8일에는 경남대 교수 35명이 교수식당에 모여 호헌조치 철회를 요구하는 시국선언을 발표한 데 이어 9일에는 울산대 교수 35명, 11일 경상대 교수 38명, 30일 창원대 교수 13명이 연달아 시국선언을 발표한다.

이런 교수들의 집단행동에 대해 전국 4년제 대학 총·학장들의 모임인 한국대학교육협의회는 9일 "최근 일부 대학 교직자들의 시국에 관한 집단성명 행위는 교육자로서의 본래적 직분에 비추어 바람직하지 못할 뿐 아니라 학원의 면학기풍을 해칠 우려가 있다"면서 "엄격하고 단호한 조치로 학원과 교권을 수호해갈 것을 다짐한다"고 밝혔다.

양산 출신의 서울대 총장 박봉식 씨도 이에 앞서 담화문을 내고 "우리대학의 일부 교수들이 현금의 정치문제에 대한 견해를 집단적으로 표명한 것은 유감"이라면서 "그것이 비록 순수한 동기에서 출발했다고 하더라도 결과적으로는 정국의 불안을 조장할 수도 있는 것"이라고 밝혔다.

문인들 권력 아부성 결의문 채택

역사의 전환기마다 권력에 빌붙기 바빴던 문인들도 이런 아부의 기회를 놓칠 리 없었다. 경남문인협회 회장이자 〈경남신문〉 이사였던 이광석 씨가 기명칼럼을 통해 전두환 정권을 옹호하는 데 앞장섰다는 것은 앞에서도 밝힌 바 있지만, 그가 속한 한국문인협회이사장 김동리·소설가도 9일 오전 대구시 수성구 뉴영남호텔에서 제22회 문학심포지엄을 열고, 문인들의 자세를 밝히는 3개 항의 결의문을 채택했다.

이날 심포지엄에 참석한 150여 명의 문인들은 "민족중흥의 계기인 서울올림픽을 앞두고 오늘날 사회일각에서 사회혼란을 야기시키고 있는 비국민적 행동에 대해 심히 유감스럽게 생각한다"고 전제, "문인의 경우 그것이 전체 문인 가운데 극소수라고 하지만 문학과 자유에 관한 그들의 양식을 개탄하지 않을 수 없다"고 밝혔다.

이처럼 독재정권을 감싸고 국민의 민주열기에 찬물을 끼얹는데 앞장섰던 문인이란 자들은 세월이 흘러 세상이 바뀌자 다시 앞다퉈 '민주'라는 이름을 붙인 백일장 등에 심사위원을 맡는 등 전형적인 기회주의자의 행태를 보이고 있다.

가든파티에다 룸살롱 폭탄주 파티까지

87년 3~6월 마산의 지도층 인사들은 어디에서 뭘 하고 있었을까.

당시 마산시장은 박종택 씨였는데, 그는 마산지역 유지들과 함께 3월부터 미국과 캐나다 등지의 자매결연 도시를 돌아다니고 있었다. 동행했던 유지들은 최위승 당시 마산상공회의소 회장, 이성근 마산시정자문위원장, 배대균 바르게살기운동마산지부장, 추한식 시민버스 사장, 이광주 전 마산상공회의소 회장, 최종렬 전 경남은행 전무, 이상기 전 칠서공단 이사장 등이었다.

이들은 또한 5·18광주항쟁 7주년을 맞아 경남도내 대학가에 최루탄가스가 자욱하던 5월 19·20일 미국에서 인연을 맺었던 노스플로리다대학교 총장 일행을 맞아 호텔과 마산시장 관사에서 가든파티를 즐기고 있었다. 박종택 당시 마산시장 회고록에 실려 있는 호텔 리셉션과 가든파티 사진을 보면, 박재규 경남대 총장과 이성근 자문위원장, 최위승 회장 등의 얼굴을 확인할 수 있다. 이들은 마산 창동의 한 룸살롱까지 외국대학교 총장 일행을 데리고 가 폭탄주 파티를 벌이기도 했다.

다음은 당시 룸살롱에서의 상황에 대한 박종택씨의 회고.

"처음에는 술이라면 절대 사양하지 않는 이성근 시정자문위원장, 김동규 대유통상 부사장, 김만열 한국철강 전무, 배대균 바르게살기 마산지회장 등 우리끼리만 (폭탄주를) 한 잔씩 했다. 두 번째 폭탄주가 돌림잔으로 돌아갈 때 누군가가 총장, 부총장에게도 한 잔씩 권했다. 폭탄주의 내력을 통역을 통해서 설명했더니 총장, 부총장도 흔쾌히 한 잔 마시고는 분위기에 젖어 또 한 잔, 또 한 잔 하고는 밴드소리에 맞추어 춤도 추고 노래도 불러 서로가 오래오래 기억에 남을 뜻깊은 창동의 밤을 보냈다."

이처럼 시민과 학생, 사제들이 목숨을 걸고 투쟁하고 있던 바로 그 시간, 고위공직자와 어용 문인, 지역 유지들은 권력의 비위를 맞추기 위해 펜을 휘갈기고 민중을 협박하며, 반상회를 통해 주민을 회유하는 와중에도 가든파티에다 룸살롱 폭탄주 파티를 즐기는 여유를 잃지 않았던 것이다.

항쟁이 한창 고조되고 있던 87년 5월 20일,
마산지역유지들이 시장 관사에서 외국인들과 함께 가든파티를 열었다.

14장

6월 항쟁의 전운

앞에서 보았듯이 87년 당시 지역언론은 시민과 학생의 민주화 요구를 '사회혼란을 부추기는 불순한 책동'으로 매도하는 데 혈안이 돼 있었다. 언론의 이런 충실한 협조(?)에 자신감을 얻은 전두환 정권은 그해 4월 13일 이른바 '4·13호헌조치'를 발표한다.

이날 〈경남신문〉은 1면 머리기사를 통해 '전두환 대통령은 13일 상오 "본인은 임기 중 개헌이 불가능하다고 판단하고 현행 헌법에 따라 내년 2월 25일 본인의 임기만료와 더불어 후임자에게 정부를 이양할 것을 천명한다'고 밝히고, "이와 함께 본인은 평화적인 정부 이양과 서울올림픽이라는 양대 국가대사를 성공적으로 치르기 위해 국론을 분열시키고 국력을 낭비하는 소모적인 개헌논의를 지양할 것을 선언한다'고 말했다'고 보도했다.

그러나 4·13호헌조치와 언론의 아부는 오히려 시민과 학생들의 분노에 기름을 끼얹은 격이 됐다. 6월항쟁 기간 동안 언론사들이 시위대의 집중 타격대상이 됐던 것만 봐도 언론에 대한 시민들의 분노가 얼마나 높았던 지를 알 수 있다.

줄 잇는 4·13호헌 규탄 집회

호헌조치가 발표된 다음날인 14일 서울에서는 김수환 추기경이 부활절 메시지에서 호헌을 비난하고 나선 가운데, 진주에서 경상대생이 정권을 규탄하는 대규모 시위를 열었다. 1500여 명이 참가한 이날 시위에서는 경상대 최초로 화염병이 등장하는 등 격렬한 양상을 보였다. 또 학생들의 동원체계도 각 학과별로 모인 후 단과대별로 다시 집결해 전체 대열에 합류하는 조직적인 모습을 띠었다. 학생들은 민주광장에서 4·19혁명 기념식을 치른 후 교문 진출을 시도하며 5시간 가량 경찰과 대치한 후 오후 6시 다시 민주광장에 모여 평가회를 한 후 해산했다.

다음날인 15일에는 경상대 총여학생회 주최로 민주광장에서 공개토론회가 열렸다. 학생들은 진주지역 운동사와 광주항쟁, 4·19에 대한 집중토론을 벌였는데, 토론회의 팸플릿이 경찰에 사전 압수되기도 했다.

87년 4월 경남대 여학생들이 스크럼을 짜고 교문으로 향하고 있다.
최루가스 때문에 마스크나 비닐랩을 붙이고 있는 모습이 이채롭다.

17일에는 마산에서 경남대와 창원대 학생들이 '연합집회'를 열어 전두환의 호헌조치를 규탄했다. '4·19 기념식 및 직선제 쟁취 결의 실천대회'라는 이름으로 오후 3시 경남대 대운동장에서 열린 이날 집회에는 두 학교 학생 400여 명이 참석했다. 집회를 마친 학생들은 스크럼을 짜고 교외진출을 위한 시위를 벌였으나 최루탄을 쏘며 학교 안까지 진입한 경찰에 의해 17명^{경남대 10명, 창원대 7명}이 연행되는 일이 벌어졌다. 이에 학생들은 연행 학생 석방 등을 요구하며 대학 본관 대회의실을 점거, 철야농성을 시작했다. 당시 〈경남대학보〉는 철야농성 상황을 이렇게 전하고 있다.

"5시 30분경 연행학우의 석방과 부상학우의 치료 보장, 학교측의 경찰 과잉진압 묵시(묵인?)에 대한 철저한 해명 등을 요구하며 120여 명의 학우들이 스크럼을 짜고 본관 대회의실을 점거, 철야농성에 돌입하였다. 이 농성에서 먼저 연합집회에 대한 평가정리와 함께 각 학교별 연행학우 석방에 관한 행동강령 등을 결정하고 철야농성 프로그램에 임했다. 프로그램 진행 도중 양주철 학생처장이 연행학우 석방을 요구조건으로 철야농성을 풀 것을 권유했으며, 창원대 학장도 합세, 끈질긴 설득을 했으나 학생들은 '연행학우는 지금도 경찰서에서 구타를 당하고 있는데 귀가할 수 없다' '학교측의 불성실한 답변을 믿을 수 없다'고 주장, 철야농성을 계속 강행했다."

이렇게 하룻밤을 지낸 학생들은 다음날 오전 11시 30분 학생처장으로부터 연행된 17명이 모두 석방됐다는 말과 함께 집회 참가 학생에게

불이익을 주지 않겠다는 약속을 받고서야 해산했다. 그러나 이 약속
은 며칠 지나지 않아 파기되고 말았다.

87년 4월 17일 경남대에서 열린 '직선개헌 쟁취결의 실천대회'를 마친 후
학생들이 교문 밖으로 진출하고 있다. 이날 집회는 창원대와 경남대 연합으로 열렸다.

정권과 학교당국의 결탁

21일 마산지방법원에서 86년 2학기 학내 시위를 주도한 혐의로 구속돼 있던 김진갑사학 4·휴학, 서종국문학 4·휴학 씨의 1차 공판이 열렸는데, 재판을 방청하기 위해 법원에 들어가던 이상원경제학 3 씨가 18일의 철야농성을 주도했다는 혐의로 경찰서에 연행됐다. 이날 재판에 피고인으로 나온 김진갑, 서종 씨가 "군부독재 타도하고 민중정부 수립하자"는 등의 구호를 외치며 재판을 거부하는 바람에 공판이 무산됐는데, 이상원 씨의 연행에 격분한 70여 명의 학생들은 학교로 돌아와 10·18광장에서 신변 보장 약속을 지키지 않은 학생처장을 규탄하는 집회를 열었다.

재미있는 것은 이 집회 도중 이상원 씨가 "학교측의 협력으로 훈방되었다"는 것이다. 당시만 해도 대학의 학생처와 경찰이 긴밀한 협조체제를 유지하고 있었음을 짐작할 수 있는 대목이다. 특히 이날 집회에서 학생들은 △학교와 CP(경찰 지휘소)간의 전화기 철폐 약속 △경찰요원들의 수위실 사용금지 등에 관한 요구조항을 내걸과 학교 측과 합의를 본 후 4시 30분쯤 해산했다.

또 29일에는 경상대에서 곽정환 목사 초청강연이 '분단극복을 위한 통일운동의 진로'라는 주제로 열렸는데, 곽 목사가 공산주의를 비판하며 전두환 정권을 옹호하는 내용으로 강의를 이끌어나가자 갑자기 강의실 내에 최루탄이 터지는 소동이 벌어졌다. 학생들이 경찰로부터 습득한 불발 최루탄을 갖고 있다가 터뜨린 것이었다. 여러 차례 소란 끝에 결국 강연은 중단됐다.

천주교 신부와 수녀들의 투쟁

5월은 메이데이노동절 기념식과 천주교 사제들의 시국 단식기도로 시작됐다. 1일 창원대생과 경남대생들은 각각 자신의 학교에서 '세계노동자의 날 기념식 및 장기집권 획책음모 호헌론 분쇄 결의대회'를 열었고, 4일에는 천주교 마산교구 소속 신부 14명이 오동동 마산교구청 5층 회의실에서 '민주개혁을 간구하는 단식기도를 시작하며'라는 성명서를 발표하고 1주일간의 단식기도에 들어갔다. 마산교구수녀연합회도 같은 날 '우리의 입장'을 통해 정권 퇴진을 촉구하며 신부들의 단식에 힘을 실었다. 수녀들은 성명에서 "현 체제의 고수를 골자로 하는 4·13특별담화를 통해 민주화가 무참히 짓밟힌 것을 슬퍼하며 … 기만과 허위, 억압과 폭력을 일상 정치적 도구로 삼아 권력을 연장하려는 현 정권의 비민주적 정치 작태를 우리는 묵과할 수 없습니다"는 입장을 밝혔다. 수녀들은 이어 '안식일이 사람을 위해 있는 것이지 사람이 안식일을 위해 있지 않다'는 성경 말씀을 인용하며 "정권이 국민을 위해 있는 것이지, 국민이 정권을 위해 있는 것은 아닙니다. 그러므로 민주개헌이 이 민족의 염원이며 가장 급박한 과제임을 인식하고 현 정권의 진정한 회개를 통해 겸허한 퇴진을 촉구하는 바입니다"고 밝혔다.

이어 5일에는 마산교구 가톨릭대학생연합회도 '민주화를 위한 교구 사제단의 단식기도를 적극 지지하며'라는 성명을 발표했고, 7일에는 가톨릭농민회 거창(준)협의회 회원들이 신부들의 단식을 지지하며 단식농성을 벌였다. 같은 날 천주교 마산교구 신부·수녀·신자 등 1000여 명이 저녁 8시 마산교구청 앞뜰에 모여 시국특별미사를 올렸다.

14일에는 경상대 민주광장에서는 사범대학생회 주최로 해직교사인 권재명 선생 초청강연회가 열렸다.

또 18일에는 경남대 10·18광장에서 '5·18 광주민중항쟁 계승 결의 실천대회'가 열렸다. 집회를 마친 300여 경남대 학생들은 오후 2시10분쯤 "광주항쟁 계승하여 직선제 개헌 쟁취하자" "광주민중항쟁 주범 자폭하라" 등의 구호를 외치며 교문 앞으로 진출, 경찰과 대치했다. 학생들은 오후 6시까지 경찰과 투석전을 벌이며 밀고 밀리는 싸움을 계속했으며, 여러 명의 부상자가 나오기도 했다.

같은 날 경상대에서도 광주항쟁 7주년을 맞아 김영식 신부 초청강연회 등 다양한 행사를 열었고, 19일에는 500여 명의 학생들이 '호헌철폐' '독재타도' '미군축출' '광주학살 진상규명'을 요구하며 교외진출을 시도했다. 이 시위과정에서 7명이 연행되자 학생들은 교내로 들어와 구속학생 석방을 요구하며 도서관을 점거, 철야농성을 벌였다. 이튿날 연행 학생이 모두 석방되자 자진해산했다.

또 22일에도 경남대생들의 교내 시위가 있었고, 25일 저녁 8시에는 마산 산호동성당에서 '광주민중항쟁 7주년 범국민 민주영령 추모대회 및 추모미사'가 열렸다. 경남민통련과 천주교 마산교구 한자리 사제단이 공동주최한 이날 행사에서 박종철 군 죽음에 대한 검찰의 허위조작에 대한 비판과 함께 추모시 낭송과 어느 시민군의 증언이 있었으며, 마산지역 노동운동사에 대한 발표도 있었던 것으로 전해진다. 행사를 마친 200여 명의 학생과 시민은 "광주학살 호헌책동 군부독재 타도하자"는 구호를 외치며 성당 정문 진출을 시도하려 했으나 경찰의 저지로 11시 20분쯤 해산했다.

학교당국의 또 다른 '꼼수'

5월 말에는 학생시위를 막기 위한 정치권력과 경남대 학교당국의 '꼼수'가 드러났다. 학교 측이 일방적으로 1학기 기말고사를 앞당겨 치르겠다고 발표했던 것이다. 당초 6월 15일부터 20일까지로 예정돼 있던 시험기간을 11일부터로 앞당긴 것은 10일로 잡혀 있던 민정당 전당대회와 박종철 군 고문조작 범국민 규탄대회6·10대회로 인한 학생소요를 차단하기 위한 꼼수였다.

이에 경남대 학생 100여 명은 5월 29일 총장실을 점거하고 학교 측과 싸움을 벌였다. 그러나 박재규 총장은 해외로 출국해버렸고, 학생들은 윤세긍 부총장과 협상 끝에 시험기간 원상회복을 쟁취했다. 본격적으로 6월항쟁이 불타오를 조건을 확보한 것이다.

4·19 기념식 및 직선제 쟁취 결의 실천대회.

15장

신부 목사 약사 교수 교사 문화인들의 참여

6월항쟁 직전인 87년 5월 경남지역에서 천주교 마산교구 신부와 수녀들의 민주개헌 단식기도가 시민들의 동참을 이끌어내는 데 중요한 역할을 했다는 것은 앞에서 언급한 바와 같다. 그러나 마산 한교회와 거창 갈릴리교회의 공명탁·유성일 목사 등 기독교계 목회자들도 같은 시기 부산에서 이뤄진 삭발단식 기도에 적극 참여했다는 사실은 의외로 알려져 있지 않다.

이는 당시 기독교장로회 경남노회가 부산까지 포괄하고 있어 부산지역 투쟁상황에 포함됐기 때문으로 보인다. 이에 따라 삭발단식에 참여했던 목회자들은 '영남지역 목회자 정의평화실천협의회' 차원에서 5월 20일 민주헌법쟁취국민운동 부산본부^{부산국본} 결성에도 조직적으로 참여했다.

기독교 목사들 삭발·단식

5월 4일부터 단식기도에 들어간 이들의 명단은 다음과 같다. 최성묵, 박효섭, 염영일, 조창섭, 박문원, 유성일, 김용환, 공명탁, 박광현, 김상훈, 송영웅, 김영수, 이원필. 이들 13명 중 유성일 목사와 공명탁 목사가 각각 거창과 마산을 대표해 참석했다.

단식기도가 시작되자 5일 부산민주시민협의회와 부산민주화실천가족협의회 등이 '성직자들의 목숨을 건 구국의 결단을 전폭 지지한다'는 성명서를 발표했고, 부산기독교교회협의회 인권위원회, 부산지구기독청년협의회 등의 지지성명도 잇따랐다.

신부 14명의 단식기도가 시작된 천주교 마산교구.

6일에는 마산 한교회의 신석규 장로가 지지방문을 해 목회자들을 상대로 요가를 가르쳐 주기도 했고, 저녁에는 유성일 목사의 사회로 '폭력호헌 저지 및 민주개헌 실현을 위한 기도회'가 열렸다. 7일 저녁에는 기도자들 중 소창섭, 박문원, 심영수, 이영재, 박광현, 공명탁이상 목사, 김상훈 준목, 송영웅 전도사, 최병철 총무, 김진호 기독교청년회 경남연합 상임총무 등이 마침내 삭발식을 단행한다.

목회자들은 11일 '경남 부산지역의 모든 민주시민은 폭력호헌 철폐와 민주개헌 실현을 위해 굳게 연대하자'는 성명서를 발표하며 8일간의 삭발 단식 기도를 마무리했다.

약사와 대학교수·교사·문화인도 동참

또 하나 잘 알려지지 않았던 사실 중 하나는 6월 1일 부산·경남지역 약사 37명이 '우리의 견해-민주화 개헌으로 건강복지사회 구현을 앞당기자'는 시국성명서를 발표했다는 것이다. 사인펜으로 직접 쓴 성명서는 "우리 약사 일동은 보건복지사회 구현 역할의 중요한 일각을 담당하고 있는 보건계의 일원으로서 다음과 같이 오늘의 시국에 대한 입장을 천명함으로써 독재의 폭압으로 신음하고 있는 우리사회가 하루빨리 쾌유되어 건강한 자유민주사회로 발전되기를 빌어마지 않는다"는 전문에 이어 모두 5개 항으로 시국에 대한 진단과 요구를 담고 있다.

부산·경남의 약사 37명이 87년 6월 1일 발표한 시국성명서.

87년 5월 7일 천주교 마산교구 시국미사.

그러나 애석하게도 서명에 동참한 37명의 약사 명단은 남아 있지 않다. 다만 경남에선 당시 마산 회성동 삼성당약국의 신혜자 씨작고가 주도적으로 참여했을 가능성이 높다고 주변사람들이 기억하고 있는 정도다.

이처럼 6월항쟁의 주요 투쟁동력은 대학생들이었지만, 독재정권의 실체를 국민들에게 폭로하고 민주적 개헌의 필요성을 널리 알리는 데는 양심적인 종교인들과 지식인들의 역할이 컸다.

5월에는 각 대학의 교수들도 잇따라 시국선언을 발표한다. 5월 8일 오전 9시 경남대 교수 35명은 교수식당에 모여 '개헌과 민주화에 대한 우리의 견해'를 발표했다. 이 서명에는 감정기, 강인순, 김남석, 김영주, 김용기, 김재현, 김종덕, 김학범, 김학수, 민병위, 박문정, 박종근, 박창원, 손진우, 송갑준, 송병주, 심지연, 안승욱, 옥원호, 유장근, 유희수, 윤성진, 이강옥,

이승현, 이지우, 이호열, 이훈, 임영일, 정상윤, 조인성, 조태남, 최덕철, 최영규, 최유진, 현외성 교수가 참여했다.

경상대 교수 38명도 11일 시국선언을 발표했는데, 애석하게도 아직 명단이 확인되지 않고 있다.

창원대는 좀 늦은 30일 시국선언이 나오는데, 참여자는 민병기, 민긍기, 이지훈, 서정근, 홍성군, 김광철, 이영석, 김지화, 염재상, 동성식, 정영애, 박홍규, 황인창 교수 등 13명이었다.

교사들도 5월 7일 '호헌철폐와 민주개헌을 촉구한다'는 성명서를 발표했다. 전국 해직교사 56명의 명의로 발표된 성명에 경남에서는 권재명통영여중, 서형석통영중, 노옥희울산 현대공고, 정익화울산 상북종고 교사의 이름이 올라있다.

6월 항쟁이 본격 점화되던 6월 8일에는 전국 문화예술인들도 '민주헌법쟁취 문화인공동위원회'를 결성하고 선언문을 발표한다. 언론·출판계와 문학계, 화가·미술평론가·만화가·조소공예가·무용·음악가 등 예술인, 그리고 교육계 인사들로 구성된 명단에는 경남에서 소설가 김춘복, 시인 이선관, 김해화, 정규화 등의 이름이 눈에 띈다.

쓸쓸한 것은 수십 년의 세월이 지난 지금, '3·15의거 기념 백일장' 등의 심사위원을 도맡아 하면서 민주항쟁의 정신을 계승한 문인들인양 행세하는 마산문인협회 소속 문학인들은 눈을 씻고 봐도 없다는 것이다.

16장

"6·10 대회를 막아라"

6월초 '경남국본' 결성

　앞서 살펴봤듯이 전두환 정권의 폭압적인 개헌논의 금지 조치에도 불구하고 용기 있는 지식인과 종교인들의 선도적인 투쟁으로 항쟁의 기운은 무르익고 있었다.

　6월 3일 마산에서도 항쟁의 지도부 역할을 할 민주헌법쟁취국민운동 경남본부경남국본 결성 준비위원 모임이 열렸다. 각 부문운동의 대표와 통일민주당, 민주헌정연구회 소속 인사들이 참석했던 이날 모임에서 결정된 경남국본의 임원진과 참가단체는 다음과 같다.

> △고문 : 김석좌(고성 예수의 작은마을, 신부), 조성국(창녕, 인간문화재)
>
> △공동대표 : 강삼재(통일민주당 경남제1지구당, 국회의원), 공명탁(한국기독교장로회 한교회, 목사), 김영식(경남민주통일민중운동연합, 신부), 도원호(의창군농민협회, 농민), 문성현((주)통일 노동자생존권투쟁위원회, 노동자), 이흥록(민주헌정연구회 경남본부, 변호사), 정동화(가톨릭노동장년회 마산교구연합회, 노동문제상담소장), 정현찬(한국가톨릭농민회 경남연합회, 농민), 황창호(전 배정운수 노동조합위원장, 해고노동자)
>
> △집행위원 : 우창남, 이재명, 이상걸, 박성철, 김인식, 정호진, 황창호, 정동화, 허진수, 신석규, 강병기, 이영희
>
> △가맹단체 : 경남민통련, 가톨릭농민회 경남교구연합회, 의창군농민협회, (주)통일 노동자생존권투쟁위원회, 민주헌정연구회 경남본부, 통일민주당, 가톨릭노동장년회, 기독교장로회 한교회

이처럼 재야·노동·농민·정당·종교단체 등 대부분의 지역 민주세력이 경남국본으로 결집했으나 실질적인 투쟁동력을 갖고 있는 대학 총학생회는 정식 가맹단체로 참여하지 않았다.

이 때문에 경남민주통일민중운동연합경남민통련이 6월항쟁 직후 작성한 것으로 보이는 '5·6월 평가보고서'도 "6월 8일까지 6·10대회의 전술에 관한 논의는 계속되었으나 직접적인 조직력과 적에 대한 파괴력을 지닌 학운학생운동 대표의 불참으로 전술계획이 구체적이지 못함"이라고 한계를 지적해놓고 있다.

이와는 반대로 통일민주당과 민주헌정연구회는 공식 가맹단체이긴 했으나 이름만 걸어놨을 뿐 실질적인 참여 수위는 낮았던 것으로 보인다. 민주산악회도 어떤 이유에서였는지 배제됐다.

문교부의 치졸한 시위 저지 전략

6월 10일로 예정된 '고문살인 은폐 규탄 및 호헌 철폐 국민대회6·10대회'를 원천봉쇄하기 위한 정권의 탄압은 치졸하면서도 무시무시했다.

경남대가 학사일정을 앞당기려다 학생들의 반발로 무산된 일에서 드러났듯이, 이는 학생들이 6·10대회에 참여하지 못하도록 문교부가 의도적으로 지시한 것이었다. 아래는 6월 4일자 〈경남신문〉에 보도된 '학기말 고사 조기실시 방침'이라는 제목의 기사 전문이다.

"문교부는 4일 민주헌법쟁취국민운동본부가 주최하는 '6·10규탄대회'에 대학생들이 참여하지 못하도록 종강을 앞당기는 등 시위대책을 마련하라고 각 대학에 시달했다. 각 대학은 이에 따라 예년보다 1학기 종강을 앞당겨 학기말고사를 조기에 실시할 방침이다. 또 조기종강을 하지 않는 대학들은 지도교수들로 하여금 이날 규탄대회에 참여하지 못하도록 개인면담 등을 통해 지도하고 학부모들에게도 가정통신문을 발송, 적극 협조하여 줄 것을 당부토록 했다. 또한 규탄대회 참석을 주동하지 못하도록 6월 10일을 전후해 학생회 간부 등을 대상으로 시외에서 수련회 등을 개최할 것도 검토 중이다. 각 대학은 이와 함께 이날 규탄대회에 참여한 뒤 경찰에 연행돼 형사처벌을 받는 학생에 대해서는 학칙에 따라 중징계하기로 했다."

내무·법무장관의 대국민 협박

6·10대회를 이틀 앞둔 8일에는 내무부장관과 법무부장관이 나와 국민을 상대로 숫제 협박에 가까운 담화문을 발표한다.

이 역시 〈경남신문〉에 1면 톱으로 실렸다. 담화문의 내용은 1960년 3·15마산의거 때나 79년 부마민주항쟁 때도 그랬듯이 이 때도 민주화 요구를 '용공'으로 몰아붙이는 것이었다.

두 장관은 "소위 민주헌법쟁취 국민운동본부는 그 주도세력의 구성원 상당수가 과거 국사범의 전력이 있는 등 그 불순성을 의심치 않을 수 없으며 ··· 더욱이 이들이 전국에 걸쳐 살포한 유인물과 선동구호 및 집회준비동향 등을 종합해볼 때 이 집회에는 지난해 인천 소요와 같이 불순좌경세력이 편승하여 민주헌정체제를 부정하는 전단 살포, 방화, 파괴, 무차별 투석 등 집단난동사태를 야기함으로써 ···(하략)"라며 '불순좌경'으로 매도했다.

같은 날 〈경남신문〉의 사설은 '불법집회 국민이 용납 못한다'였고, 이날 3면에는 '민헌운^{국본의 언론식 표기}은 불법단체'라는 상자기사가 실렸다.

이 기사는 국본의 주역에 대해 "이 조직을 실질적으로 움직이는 핵심세력은 직업적으로 반체제운동을 해온 불순세력, 박형규 목사, 김대중 민추협 공동의장 등 국사범을 비롯한 전과자 60여 명, 과거 남로당에 가입, 좌익활동을 했거나 정부 전복을 음모한 전과자 30여 명, 민통련 관계자 8명, 국가보안법 위반으로 구속 중인 자 6명 등 모두 2백여 명"이라고 썼다.

그리고 국본의 투쟁목표에 대해서도 "투쟁논리나 방식은 민중혁명을 통한 체제 전복을 위해 공산주의 혁명방식에 따른 통일전선 전략을 그대로 구사하고 있으며, 이는 민헌운이 제창하고 있는 각종 구호에서 나타나고 있음"이라고 보도했다. 이에 따라 6·10대회의 성격에 대해서도 "국법질서를 전면 부정하고 헌법을 무효화시키자는 불법운동을 추진하는 것으로 김일성 집단의 상투적 대남선동 구호에 동조하는 이적행위임이 명백함"이라고 단정했다.

이 기사 바로 옆에는 남홍 논설위원의 칼럼 '국민은 '길거리정치' 원치 않는다'가 실려 있다. '6·10민정대회는 민족사적인 과업'이라는 소제목 아래 칼럼은 이렇게 이어진다.

"그런 의미에서 우리는 지금 한반도 분쟁의 모의게임에 앞서 그 분쟁을 해결할 수 있는 중요한 국민적 훈련을 목전에 두고 있다. 하루 앞으로 다가온 '6·10 민정당 전당대회'가 그것이다. 이 대회를 얼마나 평온하게, 그리고 훌륭하게 치르느냐에 따라 어떠한 위기도 극복할 수 있는 단합된 힘을 과시할 수 있는 것이다. 생각건대 근대 한국역사상 순탄한 정권교체는 실로 교과서에도 실려본 적이 없다. 여당은 그래서 현직 대통령 외에 다른 사람을 대통령 후보로 내는 일을 해냄으로써 민주발전을 위한 역사적인 과업을 착착 진행시키고 있다. 이러한 일은 한국정치 사상 신기원을 이룩하는 일로 평가된다.

(중략)

그러나 이러한 국민적 시각에도 불구하고 일부 파괴본능의 극단적인 행위가 거리를 무대로 삼고 있다는 것은 적이 걱정이 아닐 수 없다. 이른바 재야세력과 일부 정치인들이 정치를 길거리에서 내팽개칠 기세를 보이고 있다는 것이다. 소위 '민주헌법쟁취 국민운동본부'라는 이름하에 준비하고 있는 '6·10 규탄대회'는 바야흐로 안정과 화합의 길을 가로막는 위험요소가 다분히 내재하고 있음을 부정할 수 없다.

(중략)

우리 헌정사에 있어서 민주발전의 일대 이정표가 될 '6·10' 민정당 전당대회일에 재야, 민주당이 소위 '국민대회'를 여는 것은 정치도의를 외면한 책동이라 아니할 수 없는 것이다."

그때나 지금이나 황당한 칼럼이다. 집권당이 같은 당 후보에게 정권을 물려주는 게 '민주발전의 일대 이정표'이며 '한국정치 사상 신기원'이라니 어이가 없을 뿐이다.

대회 저지에 민간인까지 동원

경찰도 6·10대회를 봉쇄하기 위해 8일 밤 10시부터 자정까지 도내 전역에서 불시 검문검색을 통해 '폭력 보안사범(?)' 141명을 검거, 42명을 입건하고 26명은 즉심에 회부했으며, 73명은 훈방 조치했다. 또 4개 대학에 대한 대대적인 수색에 들어가 경상대 총학생회관 사무실에서 빈 소주병 32개를 압수하기도 했다.

그러나 유인물은 발견하지 못했다고 하는데, 그도 그럴 것이 이미 마산시내 등 도내 인쇄소를 경찰이 봉쇄해버렸기 때문이었다. 이 때문에 당시 경남국본은 6·10대회에서 배포할 유인물을 마산에서 인쇄하지 못하고 대구까지 원정을 가서 인쇄해 왔다고 한다.

경남민통련 보고서는 이에 대해 "6월 8일 인쇄소의 사전봉쇄로 선전물의 대량화 작업에 차질이 생김. 우선적으로 스티커 제작, 타 지역에서 인쇄 제작 착수"라고 기록하고 있다.

당시 유인물 제작 책임을 맡았던 박영주 씨는 "당시 낙농업에 종사하던 김현태 씨^{현재 함양 거주}의 트럭을 타고 대구의 한 인쇄소에서 유인물을 제작한 후 비밀리에 마산으로 갖고 들어왔다"고 회고했다.

이처럼 내무부와 법무부, 문교부, 대학과 경찰 등 거의 모든 기관이

6·10대회 원천봉쇄에 총동원된 가운데서도 마침내 6·10 항쟁의 날은 밝았다.

경찰은 전날 밤 각 대학과 주요 재야단체에 대한 압수수색과 주요 도로 검문검색, 터미널 및 역 주변 숙박업소 검문검색에 이어 이날 아침부터 경찰 5만8000여 명과 방범대원, 지역방범위원, 청소년선도위원, 공무원까지 동원해 대회 저지에 나섰다. 심지어 서울에서는 오후부터 도심지를 통과하는 50여 개 시내버스 노선을 일시 변경하고 시청 앞과 을지로 입구, 서울역 등의 지하철역까지 일시 폐쇄했다.

뿐만 아니라 대회가 열리는 전국 20개 도시의 3층 이상 건물 옥상을 하룻동안 대부분 폐쇄하고 건물 입구에 경찰과 자치경비원, 민간지원반을 고정 배치해 출입자를 일일이 체크했다.

3·15의거탑 앞에서 오후 6시부터 대회가 예정돼 있던 마산도 예외는 아니었다. 필자가 입수한 당시 한 경남신문 기자의 자필 메모에는 경찰의 경비상황이 이렇게 기록돼 있다.

"전 경찰력, 경우회 회원들을 불러 자체 경비 맡긴 후 외곽 경비에 동원. 시청 공무원 전원도 동원돼 운동장·의거탑·신민당사·경남대 등에 배치돼 경비활동 및 던질 수 있는 물건(나무조각·병 종류·공사장 벽돌 등) 제거에 나섬."

이 메모는 또 사람이 모이는 걸 막기 위해 극장의 영화 상영까지 중지시키려 했다고 기록하고 있다.

마산 3·15의거탑 앞에서 열릴 6·10 대회를 알리는 전단 앞·뒷면.
이 전단은 마산시내 인쇄소를 경찰이 봉쇄하는 바람에 대구에서 인쇄해 왔다.

87년 6월 10일 대회가 예정돼 있던 마산 3·15의거탑 쪽으로 경찰력이 이동하고 있다.
경찰은 전날 밤부터 도내 전역에서 검문검색을 하고 당일에는 시청공무원과
전직 경찰관들까지 동원, 대회 원천봉쇄에 나섰다.

"이날 하오 집결지로 선정된 3·15의거탑 주변 인력소산을 위해 마산시에서 경찰의 요청을 받아 3·15극장 영화 상영을 중지시키려다 실패. 이날 영화는 <콩시선생>이었는데, 신부 6명이 위장 잠입, 영화를 관람하고 있다는 정보에 따라 취해진 것. 경찰이 들어갔을 때는 3명이 이미 잠적한 뒤였고, 3명은 영화를 다 보고 난 후 귀가."

또 이날 경남도내 대부분의 경찰력이 마산으로 집결한 것으로 보인다. 메모에는 "경찰은 점거 예상지구^{운동장·시청·MBC·경찰서·각 파출소}를 지역별로 선정, 인근지구 경찰서장들에게 경비 책임을 맡김. 가령 운동장의 경우 내부는 진해경찰서장, 외부경비는 마산동부경찰서장이 맡았으며, 마산시청은 고성경찰서장의 책임 하에 경비활동"이라고 기록돼 있다.

17장

6·10 대회 막이 오르다

도내 각 대학 사전집회

6·10대회의 날이 밝았다. '거사'의 시간은 오후 6시, 장소는 마산시 서성동 3·15의거탑 앞이었다.

대회 주관단체는 민주헌법쟁취국민운동경남본부경남국본이었지만, 각 대학의 학생운동세력들도 자체적으로 대회를 준비해오고 있었다.

경남대와 경상대·창원대 총학생회장과 운동지도부는 6월초 진주시 가좌동 경상대 17동 교양학관에서 만나 10일 마산대회에 역량을 집중할 것을 결의해둔 상태였다. 이들은 우선 학교 안에서부터 대회 분위기를 고조시켜 많은 학생들을 동참시키기 위해 각각 사전집회를 열었다.

특히 창원대는 이틀 전인 8일부터 총학생회장과 몇몇 간부들이 '호헌철폐와 군부독재 종식을 위한 삭발식'을 마치고 10일 오전 10시까지 단식농성에 들어갔다. 다음날인 9일에는 500여 명의 학생들이 오전 10시부터 1호관 3층에서 시험 연기 및 6·10대회를 위한 집회를 갖는 등 6·10대회 참가를 위한 열기 고조시키기 위해 노력했다.

경남대는 10일 낮 12시 총학생회 간부들의 삭발식이 있을 예정이었다. 하지만 이에 앞서 오전 10시부터 모여든 200여 명의 학생이 본관 안으로 진입했고, 11시에는 학교 안 동태를 살피기 위해 들어온 안기부현 국가정보원 김모 조정관이 학생들에게 붙잡혔다. 이어 30분 뒤에는 마산시청 시정과 지도계 직원 2명도 학생들에게 붙잡혔다.

당시에만 해도 경남도는 물론 각 시·군 여론계와 지도계, 그리고 일선 읍·면·동 사무소에까지 '여론 담당' 공무원을 두고 경찰 정보과 형사와 거의 같은 역할을 하고 있었다.

그러나 학교 측의 한 교수가 감금된 안기부 조정관과 시청 직원들을 빼돌려 버렸고, 분노한 학생들은 압수한 수첩을 통해 확인한 안기부 김 조정관의 승용차^{부산 1가 7783}를 찾아내 불을 질러 버렸다. 차는 완전히 불타 버렸다.

이어 12시가 되자 하용훈^{중문학 3} 현 총학생회장과 박재혁^{환경보호학 3} 차기 총학생회장 당선자, 손준호^{사학 3} 차기 부회장 등이 삭발하고 결의를 다졌다. 또 오후 3시에는 민주산악회 경남지부 백찬기 씨도 담화를 발표하며 삭발했다.

불타고 있는 안기부 조정관의 승용차.

경상대는 사전에 결의한대로 대부분의 학생들은 마산으로 집결했고, 남은 30여 명이 오후 1시 민주광장에 모여 집회를 시작했다. 학생들은 200여 명으로 늘어났고, 일부 간부들이 삭발과 단식농성을 시작했다.

경상대 학생 뿐 아니라 진주와 서부경남지역 농민회 간부와 회원들, 그리고 3월에 이미 대규모 학내시위를 경험한 대아고등학교 학생들도 상당수 마산대회에 집결했다. 서부경남 뿐 아니라 중부경남 일대 각 시·군에서도 농민회 간부와 재야단체 회원들이 대거 마산으로 모여 들었다.

진주·진해·거창에서도 독자 집회

하지만 진주와 진해, 그리고 거창에서도 나름대로 독자적인 소규모 집회가 열렸다. 진주의 경우 경상대 학생들과 별도로 통일민주당 당원들을 중심으로 농성과 집회를 열었던 것이다.

다음은 당시 현장을 취재했던 경남신문 기자의 메모이다.

"진주시 통일민주당 경남 제3지구당 당사에서 '국민 합의 반대하는 호헌 철폐, 행동하는 국민 앞에 박종철은 부활한다'는 유인물 살포와 함께 상오 10시 40분께 옥외방송이 시작됐고, 하오 2시 40분께 경찰 병력이 투입돼 일부 당원이 연행됐으며, 그 주변은 삼엄한 경찰의 경비가 펼쳐졌다. 하오 3시 30분께 경찰은 당사 옥외스피커를 철거하고 연행당원을 훈방시켰다."

이 메모는 진해 상황에 대해서도 "오전 11시 여좌동 여좌성당 허성학 신부와 신도 50여 명이 '4·13조치 철회하라'는 내용의 피킷을 들고 시내를 거쳐 성당에 입장했다"고 전하고 있다.

경남신문 기자의 메모는 또 거창의 집회도 이렇게 전하고 있다.

"거창지방은 10일 상오(하오의 오기인듯-기자 주) 5시 40분께 거창읍 김 천동 거창천주교회에서 당초 대회를 치르기로 했으나 경찰의 원천봉쇄로 무산되자 동일시간대에 하동 제일교회 옆 민주당사에서 '더 이상 못살겠 다, 거짓정권 물러가라'는 등 20여 가지의 구호를 외치고 당사에 들어가 지 못한 당원 30여 명은 당사 앞 길에서 함께 호응하다 하오 6시께 애국 가를 부르며 '민주헌법 쟁취하여 민주정부 수립하자'는 플래카드를 들고 30여m 행진한 후 만세삼창한 뒤 해산했다."

이런 가운데 마침내 총궐기 시간인 오후 6시가 됐다. 학생들은 행사장 인 3·15탑이 봉쇄될 것을 예상하고 미리 마산어시장 스타회관 앞에서 대 오를 짜고 진격하기로 계획했다. 제1열 경남대, 제2열 창원대, 제3열 경상 대, 제4열 (주)통일 노동자 등으로 대열의 순서가 정해졌다. (월간 〈말〉 1997년 6 월호 부록 진광현 씨 인터뷰)

학생들의 예상대로 3·15의거탑 근처는 경찰에 의해 완전히 봉쇄돼 있 었다. 대회를 주관한 경남국본도 결국 멀찍이 떨어진 반도안경 앞에서 행 사를 진행할 수밖에 없었다.

필자는 당시 현장을 취재한 경남신문 기자의 메모와 함께 박영주 씨가 현장에서 직접 기록한 메모를 입수했다. 이 중 박영주 씨의 메모는 오후 6시 상황을 이렇게 기록하고 있다.

△오후 6시 마산 반도안경 = 행사 예정 장소인 3·15의거 기념탑 주위가 원천 봉쇄됨으로 인해 인근 반도안경 앞에서 주최 측(민주헌법쟁취국민운동 경남 본부 인사들과 시민 200여 명이 집결한 가운데 (국기하강식에 맞춰-기자 주) 애국가를 합창함으로써 행사를 시작함. 주최 측은 '더이상 못 속겠다 거짓정 권 물러가라'는 플래카드를 펼치고 '민주헌법 쟁취하여 민주정부 수립하자-민 주헌법쟁취국민운동본부 결성선언문' '국민 여러분께 드리는 글' '결의문' 등의 유인물, 소형 태극기 깃발 등을 주위 시민들, 지나가는 차량 등에 나눠주며 행 사를 진행하였다. 주최 측은 메가폰으로 '우리의 소원' '선구자' '님을 위한 행진 곡' '농민가' 등 노래를 불렀고, 주위의 시민들도 따라 불렀다. 이 도중 학생 선 동조 3명이 도착하여 플래카드를 펼치고 메가폰으로 '독재 타도' 등의 구호를 외쳤다. 이렇게 행사가 진행 중인 6시 13분경 헬멧을 쓴 사복경찰(일명 88기 동대)들이 순식간에 주최 측을 덮쳐 10여 명을 연행해 갔음. 이로 인해 이 쪽의 집회는 무산되고 시민들은 어시장, 부림시장 방면으로 이동해 갔음.

△오후 6시 마산 어시장 도로 = 반도안경 앞에서 주최 측의 행사가 진행 중일 때 어시장 지하도 부근에는 학생, 노동자 500여 명이 집결하여 곧바로 차도 를 점거하면서 시위 시작.

시위대는 분수로터리 방면으로 진출하기 위해 저지하는 경찰과 투석전을 벌였다. 시위대는 '독재 타도' '호헌 철폐' 등의 구호를 외치고 유인물을 뿌리며 약 10분 간 차도를 점거. 경찰의 최루탄 난사와 동시에 시위대는 방향을 바꿔 코아제과 쪽으로 진출했다. 이 때 시위대의 주위에는 상당수의 시민들이 모여들기 시작했다. 코아 쪽으로 진출하던 시위대는 경찰 저지선을 돌파하고 전경버스에 화염병을 던져 불을 질렀다. 경찰은 남성동파출소 방면으로 후퇴하였고, 전경버스는 시커먼 연기와 검붉은 화염을 내뿜으며 타올랐다. 이 일대 교통은 완전 마비되었으며, 순식간에 군중의 수는 5000여 명 이상으로 불어났다.

시위대는 곧바로 코아를 거쳐 6호광장으로 진출했고, 군중들도 시위대의 뒤를 따르거나 불타는 버스를 구경하기 위해 운집하고 있었다. 뒤늦게 도착한 소방차가 불을 껐으나 버스는 이미 전소된 상태였으며, 인근 공사장의 차단막도 불에 그을려 녹아 내렸다. 불타는 버스를 보고 시민들 중 일부는 박수를 치거나 환호성을 질렀다.

이상이 박영주 씨의 6시~6시 30분 상황이다. 그러나 이 메모에서의 500명, 5000명 인원수는 다소 과장된 것으로 보인다. 직접 기록한 박 씨도 2007년 6월항쟁 20주년을 맞아 다시 쓴 글((사)6월민주항쟁계승사업회, 《6월항쟁을 기록하다》, 2007, 민주화운동기념사업회)에서 각각 200명, 1000명으로 수정했다.

한편 당시 경남신문 기자가 메모한 시간대별 상황에도 "18:15 의거탑 앞에서 20여 명민통련, 당원 등 추도식 하기 위해 애국가 부르는 찰나 경찰이 최루탄 발사, 연행"으로 기록돼 있다. 또 어시장 앞 상황에 대해서는 "학생 100여 명 몰려 경찰과 대치. 학생들 돌 던지고 경찰은 최루탄 발사. 학생들 화염병 던져 경남5가1283호 경찰버스 불타고 전경들 다수 부상"으로 기록하고 있다.

경찰이 반도안경 앞에서 최루탄을 쏘자 한 시민이 눈을 감싸고 있다.

반도안경 앞에서 행사가 시작된 가운데 헬멧을 쓴 경찰기동대가
대회를 주도하던 공명탁 목사를 연행하고 있다.

학생들이 던진 화염병에 의해 불타버린 경찰 버스. 뒤편으로 시위대의 모습이 보인다.

마산6.10대회 당시 마산시가지.

아침부터 진해 6·10 시가행진이 벌어진 까닭

6·10 마산대회의 예정시간은 오후 6시였는데, 왜 진해에선 오전에, 마산과 독자적으로 시가행진이 벌어졌던 걸까? 이에 대해서는 허성학 신부가 2008년 6월민주항쟁 20주년기념 경남추진위원회 자료집에서 털어놓은 뒷이야기가 재미있다.

"6월 10일 날 아침에 내가 약간 늦잠을 잤는데, 주방에서 인터폰으로 경찰들이 와서 나를 찾고 있다고 했어요. 그래서 안에서 잠을 자는지, 모르겠다고 하라고 그러고 침실로 아침 식사를 가져오라고 했어요. 주방 사람이 침실로 식사를 가져다줘서 아침 식사를 하고 있는데, 갑자기 침실 문이 왈칵 열려요. 깜짝 놀라서 쳐다보니까 형사들인 겁니다. 아침식사를 하는 중에, 형사들이 침실 문을 열고 들어왔으니, 나도 당황하고 자기들도 당황했어요. 내가 벌떡 일어서서 가만 안두겠다고 잡으러 나가니까, 자기들은 피해서 달아나고, 나는 잡을 거라고 맨발로 뛰어나갔어요."

이때부터 맨발의 신부와 형사들의 추격전이라는 진풍경이 벌어졌다.

"그래, 동네사람들한테, 저 형사가 성당에 도둑질하러 들어와서 남의 문 열다가 들켜서 도망간다고 소리 질렀죠. (…) 한 8시나 됐을 겁니다. 그래 나는 9시에 미사를 해야 되는데, 나는 도저히 미사 못 가겠다, 신부 혼자 있는 독신자 숙소에 경찰이 그런 식으로 침범하는 상황에서 내가 어떻게 미사 하겠나? 내가 경찰서장실에 가서 드러누울 테니까, 당신들은 당신들 알아서 기도나 하고 그냥 있어라, 그러고는 경찰서로 갔어요. 그랬더니 성당 할머니들이, 우리 신부님 내 놔라! 하면서, 내가 경찰서에 잡혀 들어간 줄 알고, 구속된 줄 알고, 경찰서에 막 들어왔어요."

그날 정보과 형사들은 허 신부가 '민주헌법 쟁취 국민운동 경남본부경남국본'의 상임위원으로, 그날 오후 마산 6·10대회에 참석하는 걸 저지하기 위한 임무를 맡고 있었는데, 차고에 허 신부의 차가 보이지 않자 이미 마산으로 넘어간 줄 알고 확인차 사제관 침실 문을 열어본 것이었다. 이렇게 하여 항의하기 위해 찾아간 진해경찰서장실에 서장은 없었다. 서장 역시 마산 집회를 막기 위해 투입돼 있었던 것이다. 비어있던 경찰서장실을 허성학 신부와 성당 할머니들이 점거한 셈이 되어버렸다. 그들은 서장실에 앉아 "침입자를 불러 사죄를 시켜라. 서장님도 오라"고 항의를 했다. 그러면서 허 신부는 경찰서장실에 앉아 진해 시위를 지휘(?)하게 된다.

"그 다음에, 내가 다른 신자들한테 연락을 해서 성당에서 피켓을 만들어 오라고 했어요. 그냥 가지고 오면 들킬 테니까, 긴 몽둥이 몇 개 하고, 각목 몇 개 들고, 종이에다가 '4·13 호헌철폐'라고 써가지고는 종이는 접어서 주머니에 넣고, 종이를 붙일 판자는 딴 사람이 별도로 들고 오고…, 개인적으로 여럿이 들고 와서 경찰들은 전혀 눈치를 못 챈 거죠. 그래서 그 자리에서 바로, 종이는 판자에

테이프로 붙이고, 못질만 하나 탕탕 하면 그냥 바로 피켓이 되니까…, 그래서 이에, 우리는 간다! 하면서, 한 40~50명이 진해경찰서에서 여좌성당으로 가면서 피켓을 들고 구호를 외치기 시작한 겁니다. 호헌 철폐하라! 4·13호헌 철폐해라! 박종철을 살려내라! 이런 구호를 외치면서…. 성당으로 가면서 40~50여 명이 구호를 외치니까 자연적으로 길거리 시위가 돼버렸던 거죠."

예정에 없던 6·10 진해 시위는 이렇게 된 것이었다. 허 신부는 이렇게 오전 진해시위를 마친 후, 점심시간에 경찰을 따돌리고 마산에 도착, 그날 오후 3·15의거탑 앞의 마산집회를 주도하다 경찰에 연행됐다.

18장

6·10 대회의
주요 타격대상은?

6·10마산대회의 절정은 마산공설운동장에서 열린 국제축구대회가 최루탄으로 인해 중단된 것이었다. 이로 인해 마산대회는 국내·외 관심의 초점이 됐다.

오후 6시 30분 마산 창동 코아제과 앞 도로를 거쳐 육호광장으로 진출하던 시위대는 가로막고 있던 경찰을 투석으로 돌파하고 일시에 광장을 점거했다. 박영주 씨의 기록에 따르면 이 광장에서 시위대는 어디로 갈 것인지 잠시 논란을 벌였던 것으로 돼 있다. 만일 시위대가 운동장 쪽으로 가지 않고 마산역 방향으로 갔더라면 이날 시위는 싱겁게 마무리되고 말았을 수도 있었다. 그러나 시위대는 운동장 쪽을 택했다.

국제축구경기 중단, 국내외 관심

87년 6월항쟁의 역사 중 17일 경상대생의 남해고속도로 LP 가스차 탈취사건과 함께 전국의 시위 열기에 가장 큰 영향을 끼친 사건은 여기서 일어났다. 그때가 오후 7시쯤이었다. 당시 경남신문 기자의 취재메모는 축구경기 중단 시간을 오후 7시 5분으로 기록하고 있다. 축구경기 중단 당시 상황을 가장 자세히 잘 기록하고 있는 것은 6월항쟁이 막 끝난 직후에 발간된 월간 〈말〉 1987년 8월호통권 제12호였다.

"축구경기장에 다다른 시위대는 50여 명의 전경과 맞닥뜨렸다. 구호를
외치고 돌을 던지며 몰려오는 시위대를 보자 전경들은 당황하여 몇 발의

최루탄을 발사했다. 최루탄 터지는 소리가 들리자 관중들은 경기장 담 너머로 목을 내밀고 바깥 쪽을 구경했다. 이때 경기장에서 제16회 대통령배 축구대회 3일째 한국A팀 대 이집트팀의 경기가 진행 중이었다.

전반 24분 이집트 선수 2~3명이 잔디밭에 떼굴떼굴 굴렀다. 어떤 선수는 윗옷을 벗어 얼굴을 감싸고 털썩 무릎을 꿇고 어쩔 줄 몰라 했다. 이 틈에 골을 넣은 한국팀에게 환호를 지르던 관중들은 곧 의아한 표정으로 변했고, 장내는 일순 정적이 흘렀다. 5분 뒤 주심은 경기중단을 선언했다.

이 사실이 알려지자 3만여 관중들은 술렁대기 시작했다. 관중들은 입장료 환불을 요구했고, 흥분한 관중들은 빈병, 쓰레기통 등을 운동장 안에 던지며 경기장 안으로 몰려들었다. 이날 시민들이 경기 중단에 분노한 직접적인 원인은 입장객 중 대다수가 입장권을 강제로 샀기 때문이라는 것이 시민들의 주장이다.

정문과 후문으로 쏟아져 나온 시민들은 운동장 옆 16차선 도로를 점거하고 대형 태극기를 앞세운 시위대와 함께 합세, 3만여 인파가 대열을 형성했다. 이 때 한 시민이 '학생 최고다'고 크게 외치자 시민들은 '옳소'하며 박수를 쳤다."

또 당시 서울지역 일간지들도 마산 축구경기 중단사건만 별도 기사로 뽑아 11일자 사회면에 보도했는데, 그 중 〈조선일보〉는 '최루가스 퍼져 축구 중단 - 관중들 흥분…경찰차 등 4대 태워'라는 제목으로 이렇게 전하고 있다.

마산운동장 동문 앞에서 경찰과 대치 중인 학생들.

"10일 오후 6시 50분쯤 마산공설운동장에서 한국A팀과 이집트팀이 대통령배 축구 전반전 경기를 벌이던 중 경찰이 운동장으로 들어오려던 1500여 명의 학생 시위대를 저지하기 위해 최루탄을 발사, 최루탄 가스가 운동장에 퍼지면서 이집트팀이 퇴장하는 바람에 경기가 중단됐다.

최루탄 가스가 운동장 안으로 날아들자, 이집트 선수들은 경기를 포기, 운동장에 주저앉았고 이어 9분 후 골키퍼를 선두로 이집트 선수들이 퇴장하자 한국선수들도 따라 나갔다. 경기가 중단되자 2만여 관중 중 일부가 본부석에 몰려가 '표값을 환불하라'고 요구하며 본부석의 의자·탁자 등 집기를 부쉈으며, 대부분의 관중들이 퇴장한 후에도 3000여 명의 관중은 본부석 주위에 몰려 30여 분 간 농성을 벌였다. 관중들이 계속 운동장에 남아 표 반환을 요구하자, 경찰 500여 명이 운동장에 들어가 이들을 해산시켰다. 경기장에서 나온 관중들은 시위대와 합류, 3만여 명으로 늘어났고…(후략)"

경기가 중단되자 성난 관중들이 본부석을 뒤엎고 항의하고 있다.

최루가스를 피해 축구경기장에서 쏟아져 나오고 있는 관중들.

87년 6월 10일 오후 7시께 상황을 보도한 중앙일보 보도사진.

알아서 기는 지역신문 보도

〈동아일보〉도 같은 날 사회면에 마산 상황을 주요기사로 배치했고, 12일 자 1면 '횡설수설'에서 역시 이 사건을 다루고 있다. 적어도 서울 지역 신문들은 이 사건의 중요성을 감안, 사실보도만큼은 충실했던 것이다. 하지만 유독 마산에서 발행됐던 당시 〈경남신문〉만 가장 작은 크기사회면 세로 2단로 보도하면서 의도적인 축소·왜곡까지 하고 있다. '한 (韓)·에(埃)축구경기 중단 / 차량방화 기물 파손' '마산서도 시위…시민 반응 냉담'이란 제목의 기사였다. 이 기사에서 특히 문제가 된 것은 '시민반응 냉담'이라는 제목과 "연도 시민들도 냉담한 반응을 보였다"는 기사 본문의 내용이었다.

시위 주최 측민주헌법쟁취국민운동 경남본부은 이에 분개, 6월 22일자로 발행한 〈민주경남〉이라는 유인물에서 '시키나 마나 알아서 기는(?) 경남신문'이라는 기사를 실었다. 이 기사는 "(전략) 경남 일원의 유일한 지역신문인 경남신문은 마산에서 있었던 6·10규탄대회에 대해 3만여 시민이 주체적으로 참여한 가운데 진행되었음에도 불구하고 마치 일부 불순분자의 책동에 의한 것처럼 왜곡 보도하고 '시민 반응 냉담'이란 터무니없는 기사를 게재하면서도, 민정당 전당대회는 며칠간에 걸쳐 신문 거의 전체 면을 할애하여 특집으로 다루는 정성(?)을 보여 왔다. (…) 일개 당의 기관지로 전락, (…) 지역신문으로서의 가치를 상실했다고 볼 수밖에 없게 했다. 이에 항의하는 시민들의 전화가 빗발치자 '편집국장 부재 중'으로 일관하고 있다"고 전하고 있다.

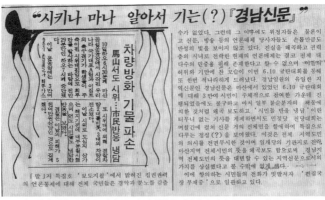

민주헌법쟁취국민운동 경남본부가 발행한 유인물에서 경남신문을 규탄하는 내용.

　　노태우의 6·29선언이 나온 뒤인 7월 16일 당시 3·15의거탑 옆에 있던 마산YMCA 강당에서 '지역언론 활성화를 위한 마산시민 공청회'가 열린 것도 6월항쟁의 과정에서 지역언론이 보여준 비겁한 행태에서 기인한 것이었다. 그날 공청회장의 벽에 게시된 구호 중 하나는 '두 눈 뜨고 볼 것이다, 경남신문 각성하라'였다.

독재에 빌붙은 기관 집중 타격

어쨌든 축구경기장에서 쏟아져 나온 관중들과 합세한 시위대는 엄청 난 수로 늘어나 있었다. 이후의 상황을 월간 〈말〉 1987년 8월호는 이렇게 기록하고 있다.

"(운동장에서 나온) 시민들은 수출자유지역으로 이동하며 '최저임금 보 장' '근로기준법, 파업권 쟁취' 등의 구호를 외쳤다. 이 과정에서 수출자유 지역 후문이 반파됐고 양덕파출소가 불탔다.

다시 시내 쪽으로 방향을 돌린 시민들은 우병규 민정당 의원 사무실에 들어가 집기를 불태우고 대통령 사진과 우 의원 사진을 떼어 나무에 매 달아 놓고 불을 질렀다. 저녁 8시쯤 시민들은 계속 불어나 오동동 다리 에서 전경과 대치했을 때는 약 3만 5000명이 됐다. 경찰이 최루탄을 미 친 듯이 쏘아대자 시민들은 경기장에서 끌고 나온 축구 골대로 바리케이 드를 치며 투석으로 대응했다.

경찰의 엄청난 최루탄 세례로 시민들은 분산되어 시가지 곳곳에서 시위 를 벌였다. 이 과정에서 북마산·오동동파출소가 화염병에 의해 파괴되고 9시 30분쯤 신호대기 중인 KBS 차 1대가 전소됐다. 이후 코아양복점 앞 에 운집한 5000여 명의 시민들은 '박군 고문치사 은폐조작 규탄 및 직 선제 쟁취를 위한 시민토론회'를 열기 위해 연좌시위에 들어갔다.

그러나 경찰은 다시 공격해왔고 흩어진 시민들은 이동하면서 시청 유리 창 70여 장을 돌을 던져 깨고 MBC 건물에 화염병을 던졌으며 자산동

파출소를 불태웠다. 시민들은 새벽 2시 30분까지 산발적으로 시위를 벌였다. 이날 시위로 79명이 연행되어 3명이 구속되고 16명이 구류를 받았다."

위 글에 나오는 양덕파출소 습격 상황에 대해 박영주 씨의 메모는 이렇게 기록하고 있다.

"수출 후문^{裏門}을 밀어 넘어뜨렸고, 또 후문 바로 앞에 있는 양덕파출소를 습격하여 두들겨 부수고 벽에 걸린 전두환 사진을 불태웠다. 바로 8년 전 여기에서 시위군중은 박정희의 사진을 찢고 불태웠던 것이다. 똑같이 쿠데타로 집권한 독재자에 대한 민중의 분노는 말할 수 없이 큰 것이었다."

시위대열의 모습에 대해서도 이렇게 묘사하고 있다.

"시위대열 맨 선두에는 어떤 시민이 기증했는지 커다란 꽃다발을 두 손으로 받쳐 든 한 학생이 앞장서고, 대형 태극기 2개가 나란히 뒤따르고, 그 뒤엔 '민주헌법 쟁취하자'란 플래카드, 메가폰을 든 학생 선동조, 스크럼을 짠 학생 시위대, 시민들의 순으로 도로를 완전히 메운 채 커다란 물결처럼 서서히 이동해 가고 있었다. 시위대는 '우리의 소원' 등의 노래와 '독재타도' '호헌철폐' 등의 구호를 힘차게 내질렀고, 연도의 시민들은 '잘한다'며 박수를 치거나 환호성을 지르면서 열렬히 호응했다."

어린교 오거리(현 경남도민일보 앞)를 가득 메운 시위 군중.

양덕파출소에 걸려있던 전두환의 사진을 불태우는 시민들.

이날 시위로 모두 4대의 차량이 불탔는데, 한 대는 경남대 안에서 불탄 안기부 김모 조정관의 승용차부산 1가 7783였고, 경남5가 1283호 경찰버스, 마산동부경찰서 소속 경남1가 3309호 순찰차스텔라, KBS창원총국 보도용 차량인 경남1나 5199호포니2 등이었다.

또 시위대의 집중 타격을 받은 곳은 파출소와 민정당 지구당사무실에 이어 MBC방송국 건물이었다. 당시 분노한 시위대에게 파출소와 집권당, 지방행정기관은 물론 언론도 독재권력의 하수인으로 취급받고 있었던 것이다.

19장

4·19 이후 진주 최대 시위…
항쟁 재점화

6·10대회의 경남지역 거점은 마산이었지만, 진주·거창·진해에서도 소규모 집회가 있었다는 것은 앞에서도 썼던 바 있다. 이들 소규모 집회마저 원천봉쇄하려던 일선 공무원들의 노력은 가히 필사적이었다.

물론 그 공무원들도 위에서 시키니 어쩔 수 없었을 것이다. 독재정권 아래에서 일하는 공무원의 비애였다. 요즘 같으면 경찰 외에 행정직 공무원이나 농협 직원이 시위 저지에 나서는 일은 생각할 수도 없다. 하지만 그땐 그랬다.

87년 당시 거창군농민회(회장 표만수)가 발행한 〈거창농민신문〉[87년 7월 15일 자] 창간호를 보면 그들이 거창 6·10대회를 막기 위해 얼마나 안간힘을 썼는지를 적나라하게 알 수 있다.

공무원 6명이 농민 1명 감시

이 신문의 기록에 의하면 앞서 한 신문기자의 메모에서와 달리 통일민주당원 30여 명에 의해 거창 6·10대회가 치러진 것도 아니었다. 통일민주당을 포함해 아림민주협의회, 민주산악회, 가톨릭농민회, 거창군농민회 등 5개 단체가 공동으로 주최한 행사였다. 더욱이 이 행사를 저지하기 위해 거창군청과 면사무소, 경찰서, 지서, 농협, 농촌지도소 직원들은 5~6명씩 1개 조를 짜서 6월 9일부터 각 단체 회원들을 감시했다.

그들은 농민회원들이 모 심는 데 찾아가서 지키고, 사과 솎는 데 가서 지키고, 심지어 변소까지 따라가서 6·10대회 참가를 막았다. 거창군

웅양면 한 농민회원의 경우 공무원들이 낮에 모 심는 걸 감시하다가 저녁에는 마을 이장 집에 모여 밤을 새우며 지켰다고 한다. 10일 아침이 밝자 한 조가 된 6명의 공무원들은 마을 입구에 술과 고기를 사다놓고 먹으면서 한 사람을 지키기 위해 하루종일 있었다고 한다. 이에 대해 〈거창농민신문〉은 이렇게 비판하고 있다.

"면사무소나 농협·군청에 볼일 보러 가면 바쁘다고 세워두면서, 얼마나 수월(?)하기에 그 짓거리를 하는지? 한창 모심기에 바쁜데, 그늘나무 아래서 고기를 먹고 술을 마시는 꼴을 보는 농민들의 가슴은 분통이 터질 노릇이었다. 그 술값, 고기값은 누구의 돈인가? 자기들 월급 털어서 그러지는 않았을 것이다. 그 돈은 농민들이 피땀 흘려 낸 세금으로 운영하는 군 예산에서 빼돌린 것이 아닌가!"

이날 거창군 마리면의 한 농민은 수승대로 납치됐고, 가지리에서는 건계정으로 납치되는 일도 벌어졌다고 한다. 그런 감시 속에서도 한 농민은 "독재정권이 거꾸러지고 민주화된 세상이 오지 않으면 농민도 잘 살 수 없다"며 낫을 들고 나가 공무원들의 방해를 뿌리치고 행사장에 참가했다고 한다.

6월항쟁 당시 거창지역 공무원들의 감시와 탄압을 기록해둔 거창농민신문.

항쟁의 거점, 마산에서 진주로

그러나 이미 터진 봇물은 막을 수 없었다. 마산이 거점이었던 6월 10일 이후부터 항쟁이 도내 전역으로 번져 나가기 시작한 것이다. 경상대를 비롯한 진주지역 학생과 시민들도 10일 이후에는 마산에 합류하는 대신 독자적인 항쟁을 준비하고 있었다.

11일 오후 경상대생 700명은 가좌동 캠퍼스에서 전두환·노태우의 화형식을 한 뒤 교문 앞으로 진출, 한동안 경찰과 대치했다. 이들은 시위를 마친 후 6·10대회에 대한 평가회를 갖고 이후 투쟁계획을 논의한 후 단식농성 중인 간부들 외에는 일단 해산했다.

12일에는 오후 3시 경상대 총학생회 주최로 '호헌 철폐와 대학민주화를 위한 개척인 전진대회'를 열었다. 이날 모인 학생들은 4000~5000여 명으로 경상대 시위 사상 가장 많은 숫자였다고 한다.

이날 이슈는 학교 측의 대학언론 탄압에 대한 항의였다. 학생들은 개사곡 경연대회를 마친 후 '관제언론 타도하고, 민주언론 쟁취하자' '어용총장 물러가라' 등 구호를 외치며 총장실로 진입했다. 그러나 학생들이 잠겨 있는 문을 부수는 사이 총장은 이미 빠져나가고 없었다.

이날부터 150여 명의 학생들은 철야농성을 시작, 13일 밤늦게까지 편집 자율권 보장과 교수의 편집국장 제도 철폐 등 요구안을 놓고 학교 측과 협상을 계속했다. 마침내 13일 밤 11시 요구안을 쟁취한 학생들은 점거농성을 풀며 승리의 자신감을 만끽했다.

당시 운동권 지도부 중 한 명이었던 진홍근의예과 83학번 씨는 "11일부터

13일까지는 의도적으로 학생들을 동원하기 위해 학내문제를 쟁점으로 삼았다"면서 "13일 투쟁을 성공적으로 마무리한 데 자신을 얻어 일요일인 14일 밤 최익호[낙농학과 3] 씨 등이 각 단과대학을 돌며 15일에는 시내로 진출하자고 결의했다"고 상황을 전했다.

4·19 이후 최대의 시위

마침내 15일이 밝았다. 이날은 4·19혁명 이후 진주에서 최대 규모의 시위가 벌어진 날이었다. 80년 봄 '남강 도하 작전' 때도 대규모 거리시위가 있었지만, 그땐 시민들과 결합하지 못한 학생들만의 저항으로 끝났었다.

그러나 이날은 달랐다. 미리 계획된 대로 아침 9시부터 각 단과대별로 집결하기 시작한 학생들은 3000~5000여 명을 헤아렸다. 이들은 수업과 기말고사를 전면거부하고 시내 진출을 시작했다. 대형 태극기를 든 공대생을 선두로 정문과 후문을 돌파한 학생들은 오전 11시 30분쯤 새벼리와 대동중공업을 지나 구호를 외치며 진주역 사거리에 도착했다. 먼저 도착한 1000여 명이 약식집회를 마치고 시내로 진입할 무렵에는 이미 끝이 보이지 않을 정도로 군중이 불어나 있었다.

정오 무렵 진주시청 앞에 모인 학생들은 연좌농성을 하던 중 다른 대학 학생들과 시민의 동참을 유도하기 위해 3개 대열로 나눴다. 제1대열은 진주간호보건전문대로, 제2대열은 진주교육대학과 KBS진주방송국으로 향했다. 이들은 북부파출소에서 전두환 사진이 든 액자와 집기를 들고

6월 15일 진주시청 앞에서 농성을 벌이고 있는 학생과 시민들. 남아 있는 원본 사진 2장 중 1장이다.

나와 부수고 KBS기와 새마을기를 불태웠다. 3대열은 진주MBC로 몰려가 민주언론 구호를 외치고 시내 일원을 돌며 시민의 동참을 호소했다.

이날의 시위는 진주교육대학 학생들에게도 큰 충격을 주었다. 당시 교대생이었던 전녹수[85학번] 씨는 "시험기간인 당시 도서관 창문으로 내다보니 경상대생들이 '뭐하고 있느냐'며 고함과 구호를 지르고 있었다"고 말했다. 그는 "이 일로 충격을 받아 개인적으로 사회과학 공부를 해왔던 학생들끼리 만나 회의를 열었고, 그 결과 '시험이 문제가 아니다' '우리도 이대로 있어선 안 된다'며 시위에 참석했다"고 말했다. 전 씨는 그 때 일을 계기로 진주교대 학생운동의 핵심이 됐다.

6월 15일 진주시청 앞에서 농성을 벌이고 있는 학생과 시민들.
남아 있는 원본 사진 2장 중 1장이다.

진주시내는 '해방구'

어쨌든 오후 2시쯤 3개의 시위대열은 다시 진주시청 앞 광장에 모였다. 광장은 투쟁열기로 마치 해방구를 방불케 했다. 시민들의 호응과 지지도 높았다. 당시 경남신문 기자의 취재메모에도 '진주, 시민들이 옆에서 먹을 것 사주며 격려'라고 적혀 있을 정도였다. 실제로 지금도 옛 진주시청^{현 진}^{주시청소년수련관} 앞에 있는 '노가네충무김밥' 주인 아주머니도 그런 시민 중 한 명이었다. 그는 "더울 때여서 학생들이 목이 말라 하길래 그랬을 뿐"이라며 "옆에 화랑다방 주인 여자도 참 잘했다"고 말했다.

진주시청 앞 연좌농성은 시민과 함께 하는 집회의 새로운 형식을 자연스럽게 만들어냈다. 시민들의 '애국민주성금 전달식'과 함께 '개사곡 경연대회'는 물론 시민과 고등학생의 즉석 연설도 있었다. 오후 4시 30분쯤 시위대는 다시 시외터미널과 진주MBC, 봉곡로터리, 인사동로터리 등을 돌며 평화시위를 벌였고, 5시 40분쯤에는 민정당사에 돌을 던지다 경찰이 최루탄을 쏘자 투석전이 벌어지기도 했다.

오후 6시부터 중앙로디리에서 연좌농성을 빌이딘 시위대는 7시부터 진주교와 역전파출소, 진주역을 거쳐 상평공단 쪽으로 향했다. 경찰은 여기서부터 필사적으로 시위대를 막았다. 그때까지 속수무책으로 있던 경찰이 시위대를 막기 시작한 것은 마산으로 파견됐던 경찰력을 급히 증원받았기 때문이었던 것으로 추정된다. 이날 시위는 밤 9시까지 이어졌다.

당시 경남신문 기자의 오전 11시 25분 취재 메모에도 "진주는 마산 쪽으로 병력 빼앗기고 3개 중대밖에 없어 병력 절대 부족. 경찰, 도경에 병

▲15일 학생과 시민들이 시가행진을 하고있다

87년 6월 15일 시내로 향하고 있는 시위대의 모습을 보도한 경상대신문의 사진.
그러나 이 사진의 원본은 남아 있지 않다.

력지원 요청"이라고 적혀 있다. 이어 낮 12시 20분 메모는 "진주에 3개 중대 긴급지원, 가스탄 헬리콥터로 지원"이라고 기록돼 있다.

이처럼 15일의 진주 시위는 경찰이 허를 찔린 셈이 됐다. 그동안 경남지역 항쟁의 거점이 마산이었으므로 그날도 경찰은 경남도내 거의 모든 경찰력을 마산으로 집결시켰던 것이다. 이에 따라 마산에는 10개 중대 1700명 정도가 모여 있었으나 진주의 시위가 의외로 크게 벌어지자 급히 3개 중대를 보냈던 것으로 보인다. 그러나 이미 불어난 군중을 진압·해산시키기엔 역부족이었다.

이렇듯 15일의 진주 시위는 우선 서울 명동성당의 농성 해산에 따라 소강상태로 접어들 수도 있었던 항쟁의 불을 다시 지핀 계기가 됐다. 또한 경남지역 민주화운동의 거점이 마산 한 곳에서 두 곳으로 늘어나게 됐다는 점도 중요한 의미를 갖는다.

20장

경찰 과잉진압이 부른
고속도로 점거

6·10대회 이후부터 경남지역 항쟁의 거점이 마산과 진주 두 곳으로 확대된 가운데, 마산과 창원에서도 연일 학생들의 시위가 이어졌다. 11일에는 창원대생 600여 명이 교내 집회를 열었고, 경남대생 1000여 명도 교내 집회를 갖고 교문 밖 진출을 시도하기도 했다.

12일에도 창원대생 300여 명과 경남대생 3000여 명이 각각 교내 집회와 시위를 벌였다. 특히 경남대생들은 충무 방향 국도를 점거하고 경찰과 투석전을 벌였으며, 학교 측이 시위를 방해하기 위해 교내 가로등을 모두 꺼버린 데 항의, 본관으로 올라가 유리창을 깨고 밤 10시부터 도서관을 점거, 철야농성을 시작했다.

당시 경남경찰청은 6·10대회 시위와 관련, 마산과 울산지역에서 연행한 90명 중 3명을 구속하고 15명을 즉심에 회부했다. 이와 함께 경남대 전자계산과 3년 심재홍 씨 등 21명은 학교선도위에 위임하고 나머지 50명은 훈방했다.

경남대 유장근 교수도 경찰에 연행

13일 철야농성을 마친 학생들은 또다시 교내 시위를 벌인 후 저녁 7시 창동네거리에 집결했다. 시위대는 1000여 명 정도였다고 한다. 이들은 시내 창동과 동성동, 오동동, 남성동 일원에서 산발적인 가두시위를 벌였다.

당시 〈경남대학보〉는 "이날 11시 30분까지 계속된 시위로 학생 75명 시민 8명 등 83명이 연행되어 9명은 조사 중이며 74명은 훈방됐다"고 전하고 있다.

특히 당시 경남신문 기자가 보관해온 상황보고에 따르면 이날 오후 7시 15분 창동 코아제과 앞에서 시위대와 경찰이 충돌, 최루탄이 발사됐으며, 7시 40분에는 추산동 마산포교당에서 경찰이 법당에 최루탄을 발사한 데 대한 항의 규탄대회가 열렸다고 기록돼 있다. 또 8시 55분께에는 창동 시민극장 앞에서도 최루탄이 발사됐으며, 많은 학생과 시민이 연행됐다. 이날 경찰은 시위 해산보다 강제연행에 비중을 두었다는 기록도 보인다. 이처럼 연행되는 학생과 시민이 많다 보니 곳곳에서 몸싸움도 벌어졌다.

오후 8시 40분~9시 10분 사이의 상황보고에는 "경남대 이장근 사학과장 경찰남성파출소에 연행돼 폭언 듣고 항의"라는 기록도 눈에 띈다. 확인 결과 '이장근'으로 표시된 이름은 경남대 사학과 유장근 교수였다. 유 교수는 당시 학교 당국으로부터 학생 시위를 감시·저지하라는 지시를 받고 시위 현장에 나갔다가 경찰이 제자들을 연행하는 걸 보고 오히려 학생들을 구출해 내려다 본인이 연행되고 말았던 것이다. 유 교수는 앞서 5월 8일 경남대 교수 35명의 '시국선언'에 주도적으로 참여한 바 있는 이른바 '운동권 교수'였다. 유 교수를 연행한 경찰은 교수 신분을 확인하고도 폭언을 했으며, 이에 유 교수가 항의했던 것. 이날 시위는 밤 11시 30분쯤에야 마무리됐다.

창원전문대생도 학내문제로 농성

진주에서 대규모 거리시위가 벌어진 15일, 마산에서도 격렬한 시위가 벌어졌다. 경남대생 3000~5000여 명은 오후 1시부터 교내에서 비상총회를 갖고 시내로 진출했으며, 창원대생 수백 명도 오후 2시부터 봉림관 앞과 교문에서 집회를 연 후 개별적으로 시내에서 모이기로 하고 해산했다. 특히 이날에는 지역언론의 왜곡·축소보도에 대한 학생과 시민들의 분노가 표출됐다.

창원대 정문 앞 게시판에는 KBS와 MBC, 〈경남신문〉은 허위보도를 사과하라는 대자보가 나붙었으며, 오후 8시 20분께에는 마산 6호광장에 세워져 있던 KBS 연중기획 아치를 분노한 시위대가 부숴버렸다. 이에 앞서 오후 5시께에는 경남대생들이 〈경남신문〉과 KBS를 공격목표로 개별적으로 집결 중이라는 정보가 나돌아 해당 언론사들을 긴장케 했으며, 진주에서도 〈경남신문〉 주재기자가 카메라를 빼앗기는 일이 발생했다.

또 특이한 것은 창원전문대 학생들도 이날 학내문제(기숙사 시설, 체육관 준공, 도서실·탈의실 개방, 게시판 설치 등)로 농성과 시위를 벌였다는 것이다. 이들은 농성 도중 본관 1·2층 유리창을 깨고 〈경남신문〉 사진기자의 카메라를 빼앗고 구타하기도 했다고 전해진다. 이처럼 창원전문대 학내 시위가 격렬 양상을 빚자 경찰도 1개 중대를 긴급 배치했다.

이날 민주헌법쟁취국민운동 경남본부의 계획은 저녁 7시 마산역 광장에 집결한다는 것이었다. 그러나 경남대생들은 대부분 학교를 빠져나간 가운데 500여 명은 학교에 계속 남아 오후 7시부터 정문에서 경찰과 투석전을 벌이고 있었다. 이는 경찰을 학교 주변에 묶어두기 위한 '위장시위'였던 것으로 추정된다.

오후 7시 35분께 마산역으로 모여들던 학생 중 15명이 역 앞 지하도 입구를 차단한 경찰에 붙잡혀 연행됐다. 역 광장이 봉쇄되자 주변 인도를 꽉 메우고 있던 학생들과 합성동 주차장 옆에서 역으로 이동하던 학생 500여 명, 그리고 육호광장과 산호동, 수출자유지역 후문 등지에 모여 있던 시위대는 각각 산발적 시위를 벌이면서 회원1동 파출소와 양덕파출소에 돌멩이 세례를 퍼부었다. 오후 9시 30분 최종 집결지로 알려진 창동 코아제과 앞에서도 수백 명이 경찰의 최루탄 발사에 맞서 격렬한 시위를 벌였다. 이날 시위로 모두 115명의 학생과 시민이 연행된 것으로 알려졌다.

15일 진주 시위에 놀란 경찰

16일에도 시위는 계속 이어졌다. 경남대생 500여 명은 오후 2시부터 '기말고사 거부 및 한마 민주투쟁 실천대회'를 열고 교내 시위를 벌였으며, 창원대생 500여 명도 교내 집회를 마친 후 정문에서 경찰과 투석전을 벌였다. 이날 경남대는 오후 5시 50분, 창원대는 오후 8시에 시위를 마무리했다.

그러나 진주에서는 이날부터 경찰의 과잉진압에 분개한 학생과 시민들에 의해 '민중항쟁'의 양상을 보이기 시작했다. 16일 경상대생들은 낮 12시 시내 집회가 경찰의 원천봉쇄로 무산되자 12시 20분쯤 시내 중앙파출소 앞에서 연좌농성을 벌였다. 이때 최루탄을 쏘며 연행에 나선 경찰에 의해 많은 학생이 연행되었다. 성난 학생들은 상평파출소와 역전파출소, 중안파출소를 습격해 기물을 불태우는가 하면 가좌동 개양검문소의 전경 2명을 납치하고 정촌파출소에 방화하기도 했다. 또 경찰 정보과 학원CP가 있었고, 시위 때마다 경찰이 주둔하던 장소로 원성을 사온 한국도로공사 진주지사의 경비실을 불태웠다.

이날 시위가 이렇게 과격해진 것은 전날인 15일 진주시내가 '해방구'를 방불할 정도로 경찰력이 무력해진데 대해 위기감을 느낀 경찰이 무차별 연행과 폭력진압으로 대응했기 때문이었다. 아침부터 시위대가 집결하기로 한 중앙로터리 주변에 전경과 사복경찰이 쫙 깔렸고, 이들에 의해 총학생회 간부 2명을 포함한 학생 50여 명이 연행됐다.

이날 진주에는 15일 마산에 집결했던 숫자와 맞먹는 8개 중대 1500여 명이 배치됐다. 오후 2시부터 시내 금성로터리 진주MBC 앞과 남강다리 시계탑, 진주역 등 곳곳에서 시위대열이 형성돼 경찰과 투석전을 벌였다. 특히 중앙로터리 앞에서 시위를 벌이던 학생들은 몽둥이를 휘두르며 달려드는 경찰의 폭력진압을 피하는 과정에서 지하상가 공사현장에 추락하는 등 중경상자가 속출했다. 이를 보고 격분한 시민들이 시위대에 합류하기도 했다.

진홍근 씨는 "이날 경찰과 공방전 과정에서 최익호 씨가 '독재타도' 네

16일 진주에 집중 배치된 경찰은 무차별 연행과 폭력적인 진압으로 대응해
학생과 시민의 분노를 샀다. 사진은 6·10마산대회에서 시민을 연행 중인 경찰.

15일 진주시위에 깜짝 놀란 경찰은 16일부터 진주지역에
마산보다 많은 경찰력을 투입하기 시작했다.

글자 새긴 붉은 띠를 머리에 매고 대중 앞에 나타나 대중의 지도자로 부상했다"고 말했다. 이후 최익호 씨는 오갑수83년 이념동아리 사건으로 강제징집 후 복학 씨와 함께 88년 경상대학교 총학생회장과 부회장으로 선출된다.

사상 초유 고속도로 점거 시위

오후 3시께 시내 시위를 진압한 경찰은 진주교를 넘어갔다. 이에 시위대와 경찰은 진주교와 진주역 사이에서 밀고 밀리는 싸움을 계속했다. 이 과정에서 역전파출소가 시위대의 습격을 받았고, 경찰의 직격 최루탄 발사에 의해 많은 학생이 다치기도 했다.

이런 가운데 칠암캠퍼스에서도 1500여 명의 학생들이 가두진출을 시도하며 격렬한 시위가 벌어지고 있었고, 상평공단에서도 노동자와 학생들의 시위가 계속됐다. 하대동 진주실업전문대학현 진주국제대 앞에서도 학생 150여 명이 경찰과 대치 중이었다.

학생들은 경찰의 진압에 밀려 가좌캠퍼스까지 쫓겨가면서 정촌파출소와 도로공사 경비실을 불태우고 개양검문소를 타격했다.

후퇴한 학생들 중 200여 명은 경찰의 과잉진압에 분개한 나머지 남해고속도로를 점거했다. 사상 초유의 고속도로 점거사건이 이날부터 시작된 것이었다.

학생들은 멈춰 선 차량 탑승객들에게 "불편을 드려 죄송하다"는 말과 함께 유인물을 나눠줬다. 이에 탑승객들은 오히려 박수를 치며 격려했다고 전해진다.

예기치 못한 고속도로 점거에 당황한 경찰은 최루탄을 쏘며 진압에 나섰지만 2시간 동안 점거를 풀지 못했다. 결국 경찰은 당일 시위로 연행된 21명을 석방한다는 타협조건을 제시했고, 학생들은 점거를 풀었다.

그러나 경찰은 이 약속을 지키지 않았다. 경찰의 약속 파기는 결국 6월항쟁 기간 중 전국을 뒤흔든 '고속도로 LPG 운반차량 탈취 사건'으로 이어지게 된다.

▲17일 학생들이 남해고속도로상에서 가스차를 탈취한 모습

당시 경상대신문에 보도된 남해고속도 LPG 운반차량 탈취시위 모습.

21장

세계를 놀라게 한
고속도로 가스차 탈취 시위

태도 달라지기 시작한 경남신문

3만여 명이 참여한 마산 6·10대회를 사회면에 2단 짜리 기사로 보도하면서 '시민 반응 냉담'이라는 제목을 달아 시민의 분노를 샀던 〈경남신문〉도 15일 시위를 기점으로 보도태도가 달라지기 시작했다.

16일 자 사회면에 가로 제목으로 뽑은 '전국 59개 대 격렬시위-경남·경상·창원대생 시가지 진출'이라는 기사를 통해 전국은 물론 마산과 창원·진주의 시위 소식을 비교적 자세히 전했다.

또 17일 자 사회면은 처음으로 시위 소식을 7단 사이드 톱으로 보도하고 있다. 이날 보도의 중심은 단연 16일의 진주 시위였다.

'경상대생 2천여 명 진주시가지 격렬시위-파출소 등 6곳 기습 불태워-남해고속도 점거 한때 교통마비-시민 2명 최루탄 맞아 부상'이라는 자세한 제목과 함께 고속도로를 점거한 사진도 실었다.

이 보도에 따르면 16일 진주 시위대는 시위대가 진양군청현 진주시청 앞 동부파출소에 화염병과 돌을 던져 유리창과 기물을 부수고 오토바이 2대와 소파 등을 불태웠으며, 상평공단으로 진입, 공단파출소와 경찰 기동대 중대를 습격하기도 한 것으로 나와 있다. 시위대는 파출소를 부수고 기동대 입구 유리창을 깨뜨렸으며, 하대동 진주전문대학 캠퍼스에까지 들어가 시험준비를 하고 있던 전문대생들에게 동참을 요구하며 시위를 벌였다.

또 주목할 것은 이날 〈경남신문〉의 보도로 그동안 확인되지 않고 있던 16일 시위의 부상자와 KBS 기자의 피해 상황을 구체적으로 알 수 있다는 것이다.

당시 〈경상대신문〉 학생기자가 메모해둔 기록에는 "시위대를 비디오로 찍고 있던 KBS 기자 한 놈과 1억 5000여만 원 상당의 카메라를 획득"했다는 내용이 있는데, 〈경남신문〉은 "500여 명은 남강다리^{진주교}를 건너려다 경찰의 저지를 받고 하오 4시까지 대치를 하던 중 토심장여관 옥상에서 취재를 하던 KBS 진주방송국 정○○ 기자를 발견, 정 기자에게 폭행을 하고 ENG카메라 1대를 부숴버렸다"고 전하고 있다.

〈경남신문〉은 또 "경상대 철학과 4학년 최○○ 양이 중앙로터리에서 떨어져 중상을 입고, 망경북동129의 13 민○○ 씨(26)가 이날 하오 2시께 최루탄 파편에 맞아 부상을 입어 한일병원과 반도병원에 입원했다"고 전하고 있으며, "망경남동 479의 38 이○○ 씨(23)가 최루탄 파편에 맞아 손가락을 크게 다쳐 진주고려병원에 입원 중"이라고 보도했다.

이날 보도로 16일 시위에서 연행된 학생과 시민이 100여 명이며, 이 중 25명이 즉심에 회부되고 50명이 학교선도위원회에 인계됐으며, 21명은 훈방됐다는 것도 알 수 있다.

경상대생들은 이들 연행자 석방을 요구하며 오후 5시부터 7시 20분까지 남해고속도로를 점거했으나 요구가 이뤄지지 않자 17일 또다시 남해고속도로를 점거하게 된 것이다.

87년 6월 18일자 중앙일보 사회면. 여기에 실린 사진이 가장 선명했다.
연합통신(현 연합뉴스) 바이라인이 붙어 있다.

고속도로에서 LPG운반차를 탈취, 경찰과 대치한
경상대생들의 투쟁을 보도한 당시 조선일보 1면.

진주를 비롯한 지방의 격렬한 시위를 보도한 조선일보 사회면.

경상대생의 가스차 탈취

당시 〈경상대신문〉 학생기자의 17일 자 메모는 "전날 경찰 측의 기만술책에 속은 학생들은 분노했다. 그러나 1차 집결지로 예정된 칠암캠퍼스는 경찰의 원천봉쇄로 여의치가 않아서 2차 집결지인 가좌캠퍼스에서 오후 2시에 재집결했다'고 전하고 있다. 하지만 6월항쟁 직후인 87년 8월 1일 발행된 월간 〈말〉 특집기사는 "17일 경찰은 새벽 3시 연행자 중 60명을 석방했다. 그러면서 이날은 시내에서 시위를 하지 말 것을 석방조건으로 내세웠다. 그러나 학생들은 전원 석방을 요구했고, 이날도 치열한 싸움은 계속됐다'고 전하고 있다.

18일자 〈경남신문〉도 "진주경찰서는 지난 16·17일 양일간 경상대생 시위사태와 관련, 연행된 118명 중에서 17일 81명은 훈방하고 19명은 즉결에 회부했다'고 전하고 있는 것으로 보아 상당수 학생이 석방된 것은 사실로 보인다.

다음날 전국 주요신문은 진주 시위를 1면 톱과 사회면 톱으로 보도했고, 〈경남신문〉도 처음으로 시위소식을 사회면 톱으로 편집했다. 다음은 〈경남신문〉 기사 전문.

"지난 15일부터 연 3일간 격렬한 시위를 벌이고 있는 경상대생들은 17일 고속도로를 운행하던 LPG운반트럭 2대를 잡아두고 경전선 운행 열차를 정거시켜 남해고속도로의 차량 통행이 한때 중단되는 사태를 빚었다.

경상대학생 1200여 명은 이날 하오 가좌캠퍼스 학생회관 앞 광장에 집결, 이 가운데 300여 명이 캠퍼스 남쪽 삼미단조 진주공장 옆 길을 통해 남해고속도로에 진입, 고속도로 사천 진입로 앞까지 진출해 하오 4시 20분께 이곳을 지나던 부산 광신가스(주) 소속 8t급 LPG운반트럭 2대를 탈취, 진양군 정촌면 화개리 앞 고속도로를 점거하고 연행학생 석방을 요구하며 하오 7시 40분까지 3시간 이상 농성을 벌였다.

이들은 이날 하오 5시께 고속도로와 진삼 국도가 1시간 이상 완전 차단돼 교통이 두절되자 잠시 차량소통을 시킨 후 다시 완전 봉쇄, LPG 트럭을 타거나 앞뒤를 가로막고 연행학생 석방을 요구하다 경찰 당국과 합의 끝에 6시 20분께 고속도로 제2건설사무소 앞까지 2㎞를 진입한 뒤 7시 10분부터 30분간 다시 농성을 벌였다.

이들은 이곳에서 다시 연행학생 석방을 요구했으나 뜻을 이루지 못하자 진주시가지 진입을 결의하고 가좌캠퍼스 앞을 지나면서 횃불을 켜들고 LPG운반트럭 폭파를 위협하면서 정촌지서 앞까지 진출했다. 이들은 이곳에 도착, 시위를 하다 정촌파출소에 불을 지르고 시가지 진입을 꾀했으나 경찰의 저지로 더 이상 진출을 하지 못한 채 횃불시위를 하다 하오 8시 25분께 전경들이 일제히 최루탄을 쏘는 순간 300여 명의 경찰특공대의 기습을 받고 탈취한 LPG트럭을 버리고 도망쳤으며, 6명이 경찰에 연행됐다.

또 이날 하오 8시 36분께 가좌캠퍼스 옆 경전선 철로에 300여 명이 올라가 마산을 떠나 8시 40분에 진주에 도착하기 위해 운행 중이던 마산기관차사무소 소속 963통근열차기관사 정찬일·27 4량을 점거, 하오 9시 20분까지 농성을 벌이는 바람에 승객 30여 명이 공포에 떨었다.

한편 경상대학교 가좌캠퍼스 정문에서 경찰과 대치하고 있던 500여 명은 하오 9시까지 경찰과 투석전을 벌이다 LPG트럭 및 열차 탈취소동 후 빠져나온 학생들과 합류, 캠퍼스 안으로 들어가 학교 건물을 부수며 캠퍼스 안에 머무르고 있다.

그런데 이들 1200여 명의 학생들은 이날 하오 2시께부터 가좌캠퍼스 잔디밭에 모여 정문 진출조를 비롯, 경전선 철로변 진출조, 삼미단조 진주공장 옆을 통과해 남해고속도로 진출 점거조로 나눠 하오 2시 40분께 행동개시에 들어갔었다."

6월 17일 경상대생의 LPG 차량탈취 시위를 보도한 경남신문.
그동안 소극적인 보도로 일관해왔던 이 신문은 17일 진주시위를 기점으로
시위를 비중있게 보도하기 시작했다.

마산·창원도 산발 시위 계속

〈경남신문〉의 이 기사 아래에는 같은 날 마산 상황도 2단 제목으로 실려 있다.

"경남대생 500여 명과 창원대생 200여 명은 17일 대학과 마산시내 일원에서 산발적인 시위를 계속했다. 경남대는 상오 9시 30분께 200여 명의 학생이 운동장에 모여 '반독재 시민궐기대회'를 마산 육호광장에서 하오 6시에 갖기로 하고 농성을 시작했다.

이날 상오 11시께는 공대생 100여 명이 비상총회를 갖고 서편 후문에서 경찰과 대치하는 바람에 이 일대 교통이 한 때 마비되기도 했다. 하오 4시께는 500여 명의 학생이 출정식을 갖고 시내로 진출, 이후 밤 10시까지 시내 곳곳에서 산발시위를 벌였다.

이날 시위로 마산 산호1파출소를 비롯, 신마산·자산파출소와 의창군청, 노동부마산사무소가 돌에 맞았고, 경남대 앞 방범초소가 불탔다. 또 하오 8시 50분께 합성동 시외버스터미널 앞에서 시위를 벌여 3000여 명의 시민과 여행객이 모여들기도 했다. 이날 창원대생 200여 명도 교내에서 출정식을 갖고 마산시내로 빠져나가 시위를 벌였다."

전국 놀라게 한 가스차 탈취 충격

17일 경상대생들의 두 번째 고속도로 점거와 LPG 운반트럭 탈취사건은 다음날 대부분의 전국언론에 머리기사로 보도되면서 세상을 놀라게 했다. 특히 이 사건은 전두환 정권의 상황 판단에도 적지 않은 영향을 미쳤음을 짐작해볼 수 있다.

당시 진압작전에 참여했던 경찰 간부 장충남 씨^현 남해군수는 "15일 진주 시위 이후 16·17에는 진주에 가장 많은 경찰이 배치됐다. 울산에 있던 경찰력도 왔는데, 모두 8개 중대쯤 되었던 것 같다"고 기억했다. 이 경찰관은 "그런 상황에서 17일 LPG 차량 탈취사건이 일어났으니 난리가 났다. 청와대에서도 전화가 걸려와 상황을 물었던 것으로 기억한다"고 말했다.

석간인 〈경남신문〉에 앞서 서울지역 신문들은 조간에서부터 이 사건을 대대적으로 보도하기 시작했다. 〈조선일보〉는 1면 톱으로 '남해고속도 3시간 장악 - 경상대생들 마~진 열차도 한때 막아'라는 제목을 달아 보도했다. 사회면에도 '지방시위 갈수록 격렬-진주 LP 가스차 2대 폭파 위협' 기사와 사진을 톱으로 올렸다.

〈중앙일보〉도 사회면 톱으로 '지방도시 시위 과격화-경전선 열차 48분간 불통 / 진주 가스차 탈취 고속도로 막아'라고 사진과 함께 보도했고, 〈동아일보〉는 1면 사이드 톱으로 '대학생 시위 전국서 더욱 격렬-어제 70개 대 도심농성 등 상황 심각'이라는 기사와 함께 경상대생들의 LPG 차량 탈취 사진을 실었다. 이 신문은 사회면에서도 역시 톱으로 부산과 대전, 진주 시위소식을 자세히 전했다.

그렇다면 이날 학생들이 횃불을 든 채 LPG 차량을 폭파하겠다고 위협했는데도, 경찰이 위험을 무릅쓰고 기습 진압작전을 할 수 있었던 배경은 뭘까.

22장

LPG가스차 위에서 햇불 들고
"죽자! 죽자!"

해방 이후 세대가 과연 이런 심정을 이해할 수 있을까? 해방의 그날이 오면 '종로의 인경을 머리로 들이받아… 두개골이 깨어져 산산조각이 나도 기뻐서' 죽겠다고 노래한 심훈의 심정을 말이다.

마찬가지로 민주화 이후의 요즘 세대가 87년 LPG 운반차량 위에서 횃불을 들고 "죽자! 죽자!"라고 외치며 진격하던 선배들의 비장했던 심정을 이해할 수 있을까?

그랬다. 87년 6월 17일 남해고속도로에서 LPG 차량탈취 시위를 벌이던 학생들의 구호는 '죽자'였다.

러닝셔츠로 횃불 만들어

1987년 8월 1일자로 발행된 월간 〈말〉 부록은 이렇게 기록하고 있다.

"몇 차례의 공방 끝에 고속도로를 점거한 학생들은 오후 7시쯤 경찰가스차 2대와 LPG운반차 2대를 빼앗았다. 학생들은 연행자 전원 석방을 요구했다. 그러나 이 요구는 거절됐고 8시쯤 시내 진출을 못한 학생들과 합류, LPG차에 10여 명씩 올라타 횃불을 들고 시내 쪽으로 나가기 시작했다. 학생들은 '연행자를 석방하지 않으면 가스차를 폭파시켜 모두 죽겠다'고 주장하고 3천여 명이 '죽자, 죽자'고 외치며 행진해 갔다."

또 당시 시위를 주도했던 진홍근 씨는 '서부경남지역 6월민주항쟁 약사[6월민주항쟁 20주년 기념 서부경남추진위원회 발족식 자료집]에서 당시 상황을 이렇게 묘사했다.

"LPG 차량 위에서 러닝을 벗어 횃불을 만들어 불을 붙이다. 수십 개의 횃불이 봉화처럼 이글거리며 타오르다. 마침내 LPG차량을 앞세운 시위대가 학교 앞에서 제1시위대와 합세하다. 시위대열은 이미 3천 명을 넘긴지 오래다. LPG차 1량이 터지면 반경 1킬로미터가 폭발범위라는 말이 누군가에게서 나오다. 순간 눈 앞에 많은 장면이 스쳐지나가다. '호헌철폐'도, '독재타도'도 더 이상 구호가 되지 못하고 입가에서 쓴 미소와 함께 사라져가다. 누가 먼저랄 것도 없이 입가에서 '죽자'라는 주문이 낮게 흐른다. 여기 저기서 '죽자'는 유언이 스펀지 위에 떨어진 잉크처럼 삽시간에 번져 저문 해를 따라 죽음의 그림자를 길게 드리우다."

이처럼 당시 학생들은 실제로 LPG차량이 폭발할 수도 있음을 각오하고 있었다. 당시 〈경상대학보〉 학생기자의 취재 메모도 경찰의 기습공격을 이렇게 표현하고 있다.

"전경들은 약 1백여 발의 최루탄을 동시에 쏘아댔다. 만약에 그것으로 인해서 LPG 차가 폭발할 경우 반경 4km 내에 있는 모든 사람이 순식간에 죽는다는 것을 그들은 몰랐을까? 이미 그들은 이성을 잃은 짐승들이었다."

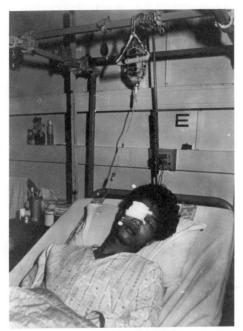

최루탄에 부상당한 경남대 학생.

경찰의 기습작전 배경은

그렇다면 학생기자의 말대로 최루탄을 쏘며 기습 진압에 나선 경찰은 LPG차량의 폭발 위험을 과연 몰랐을까? 경찰도 처음에는 폭발을 우려해 시위대에 접근하지 못했던 것으로 보인다. 따라서 경찰도 당황한 나머지 곳곳에 폭발 가능성을 문의했다.

당시 정보과 형사로 시위현장에 있었던 경찰관 ㅈ 씨는 "우리도 처음엔 학생들이 마음만 먹으면 폭파시킬 수 있는 줄 알았다. 반경 2km 이내가 쑥대밭이 된다는 얘기도 들었다"면서 이렇게 증언했다.

> "폭파 가능성에 대해 서울에까지 전화로 문의하는 등 난리가 났다. 학생들의 구호도 '죽자'였다. 그런 와중에 LPG운반차량 운전기사를 경찰이 찾았다. 그가 3000도의 열을 동시에 가해야 터진다고 했다. 또 안전장치가 돼 있으므로 최루탄을 쏴서는 절대로 폭파되지 않는다고 했다. 운전기사의 이런 이야기가 결정적이었다. 또 가스조절장치가 운전석에 있었고, 그걸 조절할 수 있는 열쇠를 운전기사가 갖고 내렸다는 것도 확인했다. 그래서 최루탄을 쏘며 기습진압에 나설 수 있었던 것이다."

당시 진압현장의 전경 소대장이었던 경찰관 장충남 씨 증언도 이와 비슷했다. 그는 당시 청와대에서도 진주의 상황을 묻는 전화가 걸려왔었다고 기억했다.

진압작전은 LPG차량을 앞세운 학생들이 개양의 열차 철교를 지나 정촌파출소를 불태운 후 시작됐다. 후퇴하는 듯하던 경찰이 수십 발의 최루탄을 일제히 쏘며 가스차를 급습했다. 가스차에 타고 있던 18명의 학생들이 경찰에 폭행당하며 연행됐다.

가스차를 빼앗기고 후퇴하던 학생들은 철로 위로 올라가 마산발 진주행 비둘기호 열차를 세웠다. 이들은 다시 '연행자를 석방하지 않으면 열차를 불태우겠다'고 위협했다. 그러나 기관사가 나서 승객의 안전을 호소하자 학생들은 순순히 물러났다. 뒤늦게 경찰은 최루탄을 쏘며 철로로 진격했다. 이 때문에 승객들이 최루가스로 고통을 겪기도 했다.

앞에서도 언급했듯이 남해고속도로 LPG 차량탈취 시위는 18일 전국의 조간신문에 대서특필됐다. 14일 밤 서울 명동성당 농성이 해산되면서 시위가 소강상태를 보이던 때라 진주의 격렬한 시위소식은 전국에 충격을 안겨줬다. 이튿날인 18일은 마침 국민운동본부가 선포한 '최루탄 추방의 날'이었다. 전국의 시위가 다시 격렬해졌다. 특히 부산에선 6·10 이후 가장 많은 시민이 시위에 참가했다.

전국 시위 격화 계기 제공

전두환 정권은 이날 이후 두 가지 방안을 놓고 고민하기 시작했다. 국민의 민주화 요구를 수용하느냐, 비상계엄을 통해 군 병력을 투입하느냐는 두 가지였다. LPG 차량탈취 시위가 있었던 17일 밤 전두환과 노태우 등 5공화국 권력실세들이 청와대 안가에서 심야 모임을 했고, 18일에는 청와대와 보안사령부 사이에 군 병력 투입 논의가 오갔다. 또 19일 오전 10시 30분 청와대에서 전두환과 안기부장, 국방부 장관, 3군 참모총장, 보안사령관, 수방사령관 등 군 고위회의를 열었으며, 저녁에도 시국대책회의를 열고 군대 개입 여부를 고민한 것으로 나타나 있다. (강준만, 〈한국현대사산책〉, 1980년대편 3권, 인물과 사상, 2006)

결국 전두환 정권은 군 투입을 포기하고 직선제 개헌을 수용할 수밖에 없었지만, 17일 진주시위가 6월항쟁에서 주요한 고비가 되었음은 분명하다.

그러나 정작 전국의 시위를 다시 격화시키는 계기를 제공했던 경상대생들은 18일부터 지리멸렬해져 버렸다. 전날 밤 시위를 제대로 지도하지 못한 총학생회에 대한 학생들의 불만이 폭발하면서 구심점이 사라져 버렸기 때문으로 보인다. 이에 대해 〈경상대신문〉 학생기자의 취재메모는 17일 밤 상황을 이렇게 기록하고 있다.

"민주해방광장에 재집결한 1500여 명의 학생들은 총학생회와 총대의원들에게 배신당한 것을 폭발시키기 시작했다. 그동안 그들이 보여준 기회주의적이고, 어용적인 기질은 이날 확연히 드러나고 만 것이다. 싸움을 부추겨 놓고서 결정적인 순간에는 빠져버리는 것이다. 그리고 싸움이 거진 다 이겨가면 다시 나타나는 이들을 학생들은 더 이상 용서치 않았다. 그들은 총학생회실을 부수고 그들을 찾았으나, 이들은 벌써 사라진 뒤. 뚜렷한 지도부의 부재와 너무 흥분한 이들은 다음날의 싸움 준비를 확실히 하지 못하고 12시경 자진해산."

이로 인해 다음날인 18일에는 학생들이 거의 모이지 않았다. 겨우 50여 명의 학생들이 교문 앞에서 시위를 벌이다 해산하고 만 것이다.

진주교대에서도 시위

반면 그동안 조용했던 진주교대에서 처음으로 시위가 벌어졌다.

400여 명의 학생이 이날 오전 8시 30분부터 교내에 모여 '호헌철폐' '학내언론자유 보장' 등을 주장하며 시위를 벌였던 것이다. 이들은 집회에서 교문 통제 및 게시판 벽보부착 제한 완화를 요구했고, 학보사와 방송국 등 학내언론의 비판활동 자유화를 주장하는 결의문을 채택하기도 했다.

이후 진주지역에서는 23일 진주 강남감리교회에서 오태열 목사가 '6·23 시국기도회'를 개최한 것 말고는 시위가 거의 없었다. 그후 '6·26 전국민 평화대행진'의 날 국민운동본부 진주지부 창립과 함께 다시 대규모 시위로 이어지게 된다.

23장

‘군부 개입설’…긴장 속
6·26 총궐기 임박

6월 18일은 국민운동본부가 선포한 '최루탄 추방의 날'이었다. 그날까지 경남도내에서도 최루탄 부상자가 속출하고 있었다. 그날까지 마산에서만 황선윤[27·농업], 이종명[창신고 3], 왕세근[29·노동자], 박영주[29·출판업] 등 4명의 최루탄 부상자가 국민운동본부에 의해 집계돼 있었다.

이에 따라 경남대와 창원대·경상대생들이 교문 앞에서 경찰과 대치하며 투석시위를 벌였고, 특히 경남대 앞에서는 이날 오후 5시30분 경찰이 학생을 연행하는 과정에서 심한 구타를 자행했다.

이 때문에 지켜보던 시민 300여 명과 학생 등 500여 명이 진압을 지휘하기 위해 현장에 나와 있던 황문규 마산경찰서장을 에워싸고 심하게 항의하기도 했던 것으로 당시 경남신문 기자의 정보보고에 기록돼 있다. 흥분한 학생과 시민들은 5시 40분부터 댓거리에서 도로를 차단하고 농성을 벌이다 경찰이 최루탄을 발사하자 일단 해산했다. 이들 중 200여 명은 고성 쪽 도로를 차단하고 돌과 화염병을 투척하며 경찰과 대치하기도 했다.

진주교대·인제대·마산간전도 시위 동참

이날 특이한 점은 그동안 전혀 시위가 없었던 진주교대 학생들이 오전 11시 40분부터 본관 앞에서 시위에 들어갔다는 것이다. 학생 200여 명이 시위를 벌이자 당황한 학교 측은 이날부터 조기방학에 들어가기로 하고 15일부터 20일까지 진행 중이던 기말고사도 중단했다. 추가 시험 여부는 가정통신문을 통해 전달하기로 했다.

또한 김해에서도 그동안 부산 시위에 참여해왔던 인제대생 500여 명이 낮 12시 노천강당에서 비상총회를 열고 시험 거부와 가두시위를 결의했다.

당시 〈인제학보〉는 "700여 명의 학우가 스크럼을 짜고 김해시 주요 간선도로에서 가두시위를 가졌다. 학교를 출발, 김해시청, 김해백화점^{연좌농성}, 김해시장, 김해시청^{연좌농성}, 한일합섬^{김해공장}의 경로로 평화시위를 가졌으며…"라고 전하고 있다.

이어 22일에는 창원군 내서읍 용담리에 위치한 마산간호보건전문대학 학생 300여 명도 본관 현관에 모여 "군사정권 물러가라"고 외치며 농성을 벌였다.

이처럼 시위는 점점 중소도시와 도시 외곽으로까지 확산되고 있었다. 87년 6월 18일 미국 〈워싱턴포스트〉지는 'S. Korea Protests Grow In Provincial Cities'라는 제목으로 한국의 시위가 지방도시로 확산되고 있음을 전하고 있다. 또 〈타임〉지도 커버스토리를 통해 한국의 6월항쟁 소식을 8쪽에 걸쳐 상세히 전하면서 시위가 이어지고 있는 전국 주요 도시를 지도로 그려 보도했다.

87년 6월 18일 김해 인제대학생들의 시위를 전한 인제학보.

워싱턴포스트 87년 6월 18일자에 보도된 '한국 시위 지방도시로 확산' 기사.

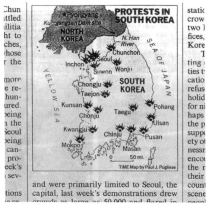

타임지에 보도된 전국 주요 시위발생지역.
경남에서는 진주와 마산이 분명하게 표기돼 있다.

6·26 총궐기를 준비하다

이런 가운데 6·10에 이어 또 한 번의 국민 총궐기일인 '6·26 국민평화대행진'의 날이 다가오고 있었다. '결전'을 하루 앞둔 25일 노동자들의 조직적 항쟁 참여를 촉구하는 유인물이 마산시내에 배포된다.

'민주헌법 쟁취를 위한 마·창노동자투쟁위원회' 명의로 된 이 유인물은 "14만 마창노동자 여러분! (…) 현 정권이 버티고 있는 것은 우리 노동자들이 이 나라의 민주화에 대해 침묵을 지키고 있기 때문"이라며, "첫째 : 현장에서 당하는 불이익에 대하여 과감히 맞서 싸워야 한다. 둘째 : 우리의 권익을 찾기 위해서는 각자의 공장에서 조직을 만들어야 한다. 셋째 : 공개적인 정치집회에 적극 참가하여야 한다"는 투쟁지침을 전하고 있다. 또 6·26 국민대행진 계획을 전하면서 "이날 회사에서는 강제잔업을 시킬지 모릅니다. 우리 모두 잔업을 거부하고 대행진에 적극 참가하여 흔들거리는 군부독재정권을 끝장내고 인간이 인간답게 사는 사회를 건설하자"며 '민주정부 수립하여 8시간 노동제 쟁취하자' '강철같이 단결하여 노조를 결성하자'는 등 11개의 구호로 맺고 있다.

이같은 마창노동자투쟁위원회의 유인물은 6월항쟁 이후 전국 노동현장으로 번진 '7·8·9 노동자대투쟁'을 예고하는 것과 같았다.

이런 가운데 마산·창원과 진주 외에 거창과 김해·진해에서도 6·26대행진이 준비되고 있었다. 당시 경남본부와 거창지역 민주단체들이 제작·배포한 전단에는 '국민행동요령'으로 △모든 국민은 태극기 또는 손수건을 흔들면서 집결장소에 모입시다 △오후 6시 국기하강식과 동시에 애국가를 제창하며, 전국의 교회와 사찰은 타종하고 모든 차량은 경적을 울립시다 △모든 노동자·직장인들은 오후 6시가 되면 잔업을 거부하고 평화대행진에 참가합시다 △최루탄 발사를 강력히 저지합시다.(예 : 우~ 함성 지르기, 무탄무석 비폭력 등 구호 외치기) △밤 10시 국민불복종의 표시로 10분간 소등합시다 라고 권유하고 있다.

마산에 배포된 6.26평화대행진 안내 전단 앞면과뒷면.

군부 개입 가능성 보도 눈길

마침내 26일 아침이 밝았다. 당일 〈경남신문〉의 1면 머리 기사는 '여야, 대행진 저지·강행 총력'이었다. 이채로운 것은 머리기사 아래에 가로로 편집된 "대행진 악화되면 군부 개입 가능성"이라는 기사였다. 〈연합통신〉이 '서방 외교소식통'의 말을 전한 형식의 기사는 이랬다.

"한국군 장성들은 현재의 소요사태를 진압하기 위해 무장군인이 거리를 순찰하게 될지도 모를 가능성을 우려하고 있다고 서방 외교소식통이 25일 말했다. 이 소식통들은 소요를 종식시키기 위한 정치개혁방안을 논의하기 위해 열린 전두환 대통령과 김영삼 총재간의 영수회담이 실패로 돌아감에 따라 26일의 전국적인 평화대행진이 군부의 개입을 초래할 가능성이 제기됐다고 전했다. 한 소식통은 그러나 '많은 군인들은 그같은 가능성을 두려움을 갖고 지켜볼 것'이라고 말했다. 미국은 계엄령이 전 대통령의 평화적 권력이양 희망을 무산시키고 88 서울올림픽을 무산시킬 것이라는 이유로 반대해왔다. 소식통들은 군부지도자들은 계엄령이 81년 1월 마지막 계엄령 해제 이래 엄청난 경제발전을 이룩해온 한국에서 보다 큰 발언권을 추구하고 있는 중산층의 반발을 초래할 것으로 우려하고 있다고 말했다. 한 소식통은 전경들은 이제 기진맥진했다고 말하고 이들이 26일 평화대행진에서 최후저지선 뒤로 밀릴 경우 '정부는 위수령을 내릴 가능성이 있다'고 말했다."

이에 앞서 미 국무부는 22일 한국의 시위사태에 군 개입 반대 의사를 천명했으며, 방한했던 시거 미 국무부 차관보는 25일 한국을 떠나면서 가진 회견에서 "전 대통령에게 계엄선포 반대의 뜻을 분명히 전달했다"고 밝혔다. (강준만, 〈한국현대사산책〉 1980년대 3권, 인물과 사상, 2006)

〈경남신문〉의 이날 사회면 머리는 '26일 대행진 전국 또 긴장'이었고, 부제는 '권 치안본부장, 불법집회 규정 원천봉쇄'였다.

24장

경남의 6·26 대행진

"오후 7시 25분 구경꾼들 용마공원(200), 제비산(150), 로얄호텔(50), 인근 빌딩 옥상 등에 분산 관망 중. '와' '민심은 떠났다' '최루탄 쏘지마라'."

"오후 9시 35분, 월남다리 옆 명성예식장 부근서 사복경찰에 연행 중이던 학생 2명 시민들이 탈취, 전경과 시민 시비 소란."

"오후 10시, 코아 앞 시위대 경찰 최루탄 발사로 해산. 창동 일대 시위대가 거의 점거. 규모 1만 5천. 학생보다 시민 수 많다."

"오후 11시 10분, 양덕, 산호1, 회원 등 파출소 노인 동원 음주파티 벌여 투석 막고 있다."

(1987년 6월 26일 경남신문 취재기자의 메모 중 발췌)

위의 인용문들은 87년 6월 26일 경남신문 취재기자들의 전화 보고를 시간대별로 메모한 내용 중 일부를 발췌한 것이다. 이렇듯 이미 민심은 독재정권을 떠난 듯 했다. 학생이 연행되면 시민이 달려들어 구출했고, 시위대 중 학생보다 시민의 수가 많았다. 경찰도 시위대를 진압할 힘을 잃었다. 시위대의 투석을 막기 위해 노인들을 파출소에 불러 음주파티를 열어주는 웃지 못할 상황도 그래서 생긴 것이다. 소극적인 보도태도를 보여온 〈경남신문〉도 이날 시위에 대해서는 다음날 1면과 사회면 머리기사로 비교적 상세히 시위 소식을 전했다.

87년 6월 26일 부림시장 일대.

87년 6월 26일 육호광장 일대.

마산 2만, 진주 2만 거리 장악

'평화대행진'으로 명명된 이날 시위는 마산과 진주는 물론 진해와 김해, 거창까지 확산됐다. 특히 마산에는 2만 명, 진주에서도 최소 1만~최대 2만여 명의 군중이 시위에 동참했던 것으로 추산된다. 6·26 직후였던 87년 6월 28일 민주헌법쟁취 국민운동본부가 발행한 소식지 1호에는 지역별 참가인원을 마산 2만, 진주 2만, 울산 2000명으로 집계하고 있다.

또 이날 시위로 경찰차량 4대가 불타거나 부서졌고, 마산시내 북마산·오동동파출소가 일부 파손됐으며, 경찰과 학생 등 33명이 중경상을 입었던 것으로 〈경남신문〉은 전하고 있다. 시위는 다음날인 27일 새벽 2시까지 곳곳에서 산발적으로 벌어졌다.

마산의 시위는 오후 6시 육호광장에 집결하는 것으로 예정돼 있었다. 이에 앞서 경남대생 150여 명은 오후 11시 교내에서 출정식을 갖고 결의를 다졌으며, 창원대 학생들은 창원 반송아파트 단지와 소답동 시장 입구에서 시민참여를 호소하는 유인물을 뿌린 후 마산시위에 동참했다. 시위는 오후 5시 40분께 북마산 회산다리 부근에서 200여 명의 학생이 도로를 점거하면서 시작됐고, 오후 6시 오동동 사거리에서 경남국본 공동대표와 집행위원, 천주교 마산교구 사제단 등 100여 명이 애국가를 부른 뒤 '민주헌법 쟁취를 위한 국민평화대행진'이라는 플래카드를 들고 행진에 들어갔다.

경찰은 이 대회를 원천봉쇄했다. 이에 따라 시위는 육호광장 주변과 북마산 회산다리와 중앙극장, 부림지하상가 일대, 어시장, 창동, 불종거리, 산호동 여성회관, 공설운동장 입구 등 시내 곳곳에서 산발적으로 벌어졌다. 특히 산호동 여성회관에서 육호광장으로 이동하던 4000~5000여 명의 시위군중은 전경 1개 중대[100여 명]를 에워싸버리는 일이 발생했다. 시위대는 고립된 전경들의 방석모와 방패, 최루탄발사기, 무전기 등을 빼앗아 무장해제시켜버렸다.

경찰 또한 과격해지면서 건물 옥상에서 구경하고 있던 시민들에게도 최루탄을 발사했으며, 심지어는 문이 반쯤 열려 있는 상점에 최루탄을 던지고 들어가 피신해 있는 시민을 구타, 연행해 가기도 했다.

당시 박영주 씨의 메모에 따르면 오후 8시 30분께 부림 지하도 위에서 사복경찰과 전경 한 그룹이 시민 1명을 연행하려 하자 주위 시민들이 "풀어주라"고 고함을 지르며 집단적으로 항의했다. 이에 경찰은 연행하던 시민을 전경들 속에서 가스총을 쏘아 실신시킨 뒤 버려두고 갔다. 이 광경을 지켜본 시민들은 분노를 참지 못하고 "폭력경찰 물러가라"는 구호를 외치며 더 가열찬 투쟁을 전개했다고 전하고 있다.

이 사건에 대해 〈경남신문〉은 "밤 11시 40분께 남성동 어시장 입구 지하도 옆에 있던 김병수 씨[61·마산시 수성동81의 5]가 가스에 실신, 복음병원에 입원했다가 깨어나기도 했다"고 보도했다. 그러나 이 기사에서 '밤 11시 40분'은 기자가 취재해 보고한 시점이며, 실제로 11시 30분께 복음병원에서 의식을 회복한 것으로 알려졌다.

또 당시 취재기자의 메모에 의하면 하곤[27·구암동] 씨가 좌측 눈 위 부상을 당해 치료 후 퇴원했으며, 신용우[52·건축업·장군동 1가 10] 씨가 밤 10시께 창동에서 볼일을 보고 가다 갑자기 날아온 파편에 안경이 파손돼 눈 주위 부상을 입었다. 또 27일 새벽 1시 15분께는 남기한[23] 씨가 눈에 부상을 입

87년 6월 26일 중앙로에서 경찰과 대치 중인 시위군중.

어 고려병원^{현 마산삼성병원}에서 치료를 받았고, 북마산파출소장이었던 박중효 경위도 전치 2주의 부상을 입는 등 수십 명이 중경상을 입었다.

진주에서는 오전 11시 경상대 학생 30여 명이 가좌동 캠퍼스에서 시위 계획을 세운 후 오후 2시 시내 상업은행 옆 도로에서 애국가를 부르며 시위를 시작했다. 순식간에 모인 200여 명의 학생들이 시내를 한 바퀴 도는 동안 거리의 시민들도 동참, 시위대는 3000여 명으로 늘어났다. 이들은 진주극장 앞 도로에 앉아 농성을 시작했다. 오후 4시 장대동 부산교통 중형버스주차장 앞에 집결한 종교계 인사들과 민주당원 등 300여 명이 진주극장 앞 시위대와 합류했다.

경찰에 둘러싸인 상태에서 시위대는 '국민운동본부 진주지회'가 창립됐음을 선포한 후 진주역 쪽으로 행진을 시작했다. 진주역 광장에 이르렀을 때 시위군중은 1만 명으로 늘어났다.

거창군민 100여 명이 87년 6월 26일 '민주헌법 쟁취'를 외치며 읍 시가지를 행진하고 있다.

진해·김해·거창에서도

진해에서는 오후 6시 장복예식장 앞에서 민주당원 등 50여 명이 '호헌 철폐, 독재타도'라고 쓴 플래카드를 들고 해양극장까지 행진을 했다. 이에 500여 명의 시민들이 합세하거나 지켜봤다.

김해에서는 이광희 씨 등 민주인사와 인제대생 60여 명이 동광초등학교 강당에서 개최하려던 '민주헌법 쟁취를 위한 토론회'가 경찰의 방해와 봉쇄로 무산되자 가두로 나와 항의시위를 벌였고, 이 중 10여 명이 강제 연행됐다. 그러나 남은 사람들은 경찰서로 몰려가 연행자 석방을 요구하는 농성을 벌여 이들이 모두 석방되기도 했다.

거창에서는 100여 명의 농민과 민주인사들이 오후 6시 민주당 지구당사 앞에 모여 애국가를 부르면서 평화대행진을 시작했다. 이들은 중앙로 터리와 군 농협지부 등을 거쳐 서부교통 앞 삼거리에서 연좌농성을 벌였다. 이어 다시 시장통과 거창병원 앞을 거쳐 다시 민주당사 앞에 모여 '군민에게 드리는 글'을 낭독하고 평화적으로 해산했다.

통일민주당 경남 제10지구당과 아림민주협의회, 민주산악회 거창군협의회, 가톨릭농민회 거창군협의회 등 4개 단체 명의로 된 당시 유인물에는 "거창군민 여러분! 우리들의 염원인 민주발전을 위해서는 잠시도 쉴 수가 없습니다. 우리 다 함께 손에 태극기를 들고 국민평화대행진에 적극 참가합시다"는 호소문과 함께 "더 이상은 못속겠다 거짓정권 물러가라!" "대통령은 내 손으로 뽑자!" "군부독재 물리치고 민주정부 수립하자!"는 구호가 적혀 있었다.

이날 시위에 대해 항쟁 직후인 87년 7월 15일 자 〈거창농민신문〉은 "6·26대행진을 가리켜 거창에서는 4·19 이후 처음 있는 시위다운 시위라고들 하는데, 이는 한편으로는 4·19 이후 농촌지역이 정치적으로 얼마나 낙후되고 소외당해왔는가를 단적으로 보여준 것이며, 다른 한편으로는 그럼에도 불구하고 농민들 스스로가 오랫동안의 패배의식과 체념의식을 떨쳐내고 깨어나기 시작했음을 뜻한다"고 기록하고 있다.

이 기록처럼 이후 고성과 함양에서도 국민운동본부가 결성되는 등 농촌지역에도 민주화의 열기는 점점 고조되고 있었다.

거창 6.26대행진을 알리는 전단 앞면.

경찰이 깡패들에게 얻어맞은 사연

6·26 대행진 날 밤, 백골단이라 불리던 경찰 체포조가 북마산의 깡패 (?)들에게 실컷 두들겨 맞는 수모를 겪었다. 경찰로선 결코 알리고 싶지 않은 부끄러운 추억일 테지만, 허성학 신부가 6월민주항쟁 20주년기념 경남 추진위원회 자료집 증언을 통해 공개하고 말았다. 아래는 허 신부의 증언.

"그날 저녁에 9시쯤 됐는데, 태양극장 근처에 포장마차가 있었어요. 그날 우리 시위 요원들이 육호광장 옆에서 하다가 쫓겨서, 북마산파출소든가, 그쪽 근처에 있다가 쫓기니까 포장마차로 들어간 겁니다. 백골단들이 포장마차에 도망간 사람들을 잡으려고 왔는데, 거기 술 먹고 앉아있던 사람들은 그 지역에 사는, 깡패라고 하면 좀 뭐하지만…, 백골단들이 뭘 모르고 그 사람들을 두들겨 패니까, 그 사람들이 가만히 있을 사람들입니까? 백골단들이 혼이 나서 쫓겨서 도망가고, 우리 사람들은 포장마차 이쪽으로 들어갔다가 저쪽으로 나가버렸죠. 그래, 술 먹은 사람을 두들겨 팼으니, 가만히 있겠습니까? 백골단들이 지역 깡패들한테 실컷 두들겨 맞은 겁니다. 그 꼴을 우리는 멀리서 쳐다보고 막 웃고 있었죠."

25장

6·29선언 그 후

'6·26평화대행진' 이후에도 마산에서는 연일 시위가 이어졌다. 27·28일 마산시내 곳곳에서 벌어진 시위에서는 경찰의 폭력이 두드러졌다. 소수의 인원이 산발적인 시위를 벌인 탓에 경찰력이 우세했던 것도 원인이었지만, 오랜 시위진압으로 지친 경찰의 보복성 폭행도 많았다. 그러나 시민들은 이미 과거 독재정권의 억압에 숨죽이고만 있던 시민들이 아니었다.

경찰이 시위대를 폭행하거나 연행하면 주위에 있던 시민들이 달려들어 구출해냈고, 파출소 앞에서 석방을 요구하는 농성을 벌이는 것도 자연스러운 일이 됐다.

6·29 항복선언 직전 경찰의 폭력

27일부터 이어진 28일 새벽 2시 오동동 사거리 동방빌딩과 창동 사거리 사이에서 경찰이 시위대를 향해 최루탄을 난사했다. 그러자 주위에 있던 시민들이 격분, "최루탄 쏘지 말라"며 인근 상점에 있던 빈 병과 돌을 던지기도 했다. 또 새벽 3시에는 코아제과 앞에서 택시 40여 대가 한꺼번에 경적을 울리며 경찰을 압박하기도 했다.

이런 가운데 경찰의 폭력진압으로 인한 부상자도 늘어났다. 당시 건축사였던 허정도 씨는 28일 저녁 시위 때 북마산파출소와 옛 중앙극장 사이의 도로에서 경찰에 붙잡혔다. 그는 북마산파출소에 끌려가 머리가 바닥에 처박히고 손을 뒤로 올린 상태에서 군홧발에 머리를 밟히는 등 구

타를 당하던 중 탈출했다. "서원곡 올라가는 쪽으로 도망을 쳤는데, 경찰
관 2명이 쫓아오더군요. 인근 가정집으로 숨어 들어갔는데, 40대쯤으로
보이는 아주머니가 말도 않고 숨겨줘 다행히 붙잡히지 않았죠."

그러나 그는 이미 온몸이 멍투성이었다. 이에 분개한 마산YMCA 총무
이상익 씨가 29일 아침 멍든 몸을 사진으로 찍어 경찰에 항의하기도 했다.

마산경찰서로 연행된 시민들도 무자비한 폭행을 당했다. 새벽에 잡혀
간 시민 5명은 40여 명의 경찰관이 달려들어 전등을 끈 채 사정없이 짓밟
혔다.

29일 마침내 전두환·노태우가 대국민 항복선언을 발표했다. 그러나 이
날 오후 2시까지도 마산경찰서에는 28명의 시민이 붙잡혀 있었다. 이들은
경찰서 안에서 연대서명을 한 '요구서'를 작성하고 농성에 들어갔다. 그 내
용은 이랬다.

①폭행으로 인한 상처에 대해서는 완치될 때까지 국가 부담이나 경찰
　자체 부담으로 치료해줄 것.
②피해자들에 대해서는 육체적, 정신적 보상을 할 것(피해물품 포함).
③마산경찰서장의 이름으로 사과문을 작성하여 신문(중앙지 및 경남신문)
　에 (3단) 게재하고, 마산KBS·MBC 방송에 1분 이상 방송할 것.
④경찰서장 및 대공과 직원 모두는 피해자들 앞에서 공식사과할 것.
⑤폭행 경찰관 전원을 색출하여 전원 형사처벌 할 것.
⑥위의 요구조건들이 들어지지 않을 경우 피해자들은 경찰서장 및 폭행
　경찰관을 고소하겠음.

위 요구에 서명한 사람들은 박영휘, 황선윤, 여영국, 하호용, 유판갑, 황보인, 왕세근, 엄용호, 허재우 등이었다.

이 소식을 들은 시민 500여 명도 경찰서 바깥에서 농성에 들어갔다. 경찰은 결국 오후 6시쯤 신문·방송에 사과문 게재만 빼고 모든 요구조건을 들어주기로 했다.

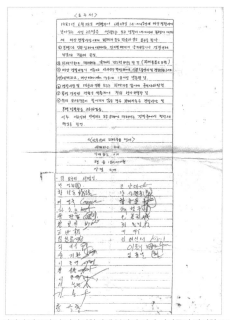

6·29선언이 발표된 날 마산경찰서에 붙잡혀 있던 시민들이 작성한 요구서.

이후에도 계속된 경찰의 폭력 진압

정권의 6·29 항복선언 이후 마산과 진주에서는 각각 시국대토론회가 열렸다. 마산은 7월 11일, 진주는 25일이었다. 그런데 25일 진주 시국대토론회에서 불상사가 발생했다. 이날 오후 7시 진주시청 앞에서 민주헌법쟁취국민운동 진주·사천·진양지부 주최로 열릴 예정이던 대회가 경찰의 폭행으로 무산되면서 수십 명이 갈비뼈가 부러지는 등 중경상을 입었던 것이다.

당시 이 사태를 규탄한 유인물은 상황을 이렇게 전하고 있다.

"이날 오후 6시 40분 행사집행부와 준비물을 실은 차량 4대가 진주시내로 들어와 시청으로 가던 중 88타격대(일명 백골단)가 차를 덮쳐 유리창을 박살내고 집행부와 관방부락 농민 등 26명을 무차별 구타, 강제연행하였고 행사 준비물 전량을 탈취해 갔습니다. 또한 오후 7시 10분경 진주시청 앞에서 농민가 등을 부르며 모여든 농민, 학생, 시민들을 88타격대 100여 명이 막아서 막바로 폭력을 휘두르며 30여 명을 연행해 갔습니다. 이 뿐만이 아니라 진주경찰서로 끌려간 연행자들은 경찰서내 상무관에서 또 다시 88타격대 100여 명에 둘러싸여 아무런 방어할 무엇도 없는 상태에서 집단 구타를 당하였습니다. 무자비한 폭행으로 이승홍 하대성당 신부님, 농민, 학생 등 60여 명이 갈비뼈가 부서지고 얼굴과 전신에 찰과상, 타박상을 입고 7명은 현재 입원 중입니다. 지난 7월 9일 충무지청 장실 문성현 씨 석방요구 농성을 '인질극'으로 뒤집어 씌워 농성한 구속자가족들을 구속시키는 비인간적인 작태를 서슴없이 보이더니, 이제는 최루탄 대신 곤봉을 휘두르며 정치깡패들을 동원하여 민주화를 요구하는 농민, 노동자들을 압살하는 사태에 이르렀습니다.(후략)"

당시 진주경찰서 정보과 형사였던 ㅈ 씨는 이 사태에 대해 "오랫동안 시위진압에 시달렸던 경찰이 모처럼 외출을 가던 중 갑자기 이날 시국대토론회 때문에 소집당한 울분이 폭력으로 이어졌던 것으로 기억한다"고 술회했다.

당시 진주경찰서장은 허남오^{이후 진주국제대 총장} 씨였다. 이에 대한 규탄시위는 계속 이어졌다. 한 경찰관은 "특히 신부님을 폭행한 것 때문에 그때 경찰의 입장이 가장 곤혹스러웠다"고 털어놨다.

7월 진주시국대토론회에서 자행된 경찰의 폭력을 규탄하는 유인물.

지역언론 민주화에 대한 열망

마산·진주의 시국대토론회 외에도 눈길을 끄는 행사가 있었다. 지역언론의 왜곡보도에 치를 떨던 시민들이 공청회를 연 것이다.

'지역언론 활성화를 위한 마산시민 공청회'라는 이름으로 7월 16일 오후 7시 마산YMCA 강당에서 열린 이 행사는 〈경남신문〉의 제호와 6·10항쟁 당시 대표적인 왜곡보도였던 '시민반응 냉담' 기사 등을 찢어 붙인 사진과 함께 취지를 이렇게 밝히고 있다.

> "우리는 참으로 보고 싶은 것을 볼 수 없었습니다. 그리고 참으로 듣고
> 싶은 것도 제대로 들을 수 없습니다. 우리는 진실 부재인 상황에서 진실을
> 찾아야만 합니다. 그것은 이 지역의 언론부터 주체적인 우리의 대변자가
> 될 수 있게 만들지 않으면 안 되는 것입니다. 모두의 참여로 잘못된 제도
> 언론을 규탄하고 자주적인 지역언론으로 만들어 나가는 데 동참합시다!"

이 공청회의 주최는 경남여성문화연구회와 마산YMCA 청년Y시연맹, 한국가톨릭농민회 경남연합회 등 3개 단체였다.

당시 이 공청회를 준비하는 과정에 참여했던 박영주 씨의 메모를 보면 당초 여진 선생^{전 마산일보 기자}과 이순항^{전 마산일보 편집국장, 3·15의거 당시 기자} 선생을 강연자로 교섭할 예정이었으나, 이후 전두환 정권의 '보도지침'을 폭로해 수감생활을 했던 김태홍 씨로 바뀌었다.

당시 한 기자가 이날 공청회를 취재해 보고한 자료에 따르면 약 200여

6월항쟁 직후 마산에서 열렸던 공청회.
당시 언론민주화에 대한 시민의 열망을 짐작할 수 있다.

명의 청중이 참석한 가운데 김태홍 씨의 특강과 노동자·농민·학생·여성 대표의 발인 순으로 이어졌으며, 오후 10시 30분 공청회를 마친 후 MBC 앞에서 "민주언론 쟁취하자"는 등의 구호를 외치고 약 30분간 농성을 하다 해산한 것으로 되어 있다.

김태홍 씨는 이날 특강에서 "6·29선언은 민중이 뺏은 것임에도 불구, 지금의 언론은 노태우의 선물로 취급해 보도하고 있으며, 경남신문도 이런 반민중적 보도에 앞장서고 있다"고 주장했다. 또한 그는 "경남신문은 권력 휘하의 신문이며, 지방의 돈 많은 몇 사람의 자본으로 통제받고 있다"면서 지역언론 민주화의 필요성을 강조했다.

이렇듯 87년 경남에서 벌어진 항쟁은 전국적으로도 중요한 영향을 끼쳤음을 알 수 있었다.

특히 국제축구경기가 중단되는 과정이 생중계로 통해 전국에 방송된 마산의 6·10시위와 남해고속도로 점거 및 LPG차량 탈취 시위로 전국에 혁명적 흥분을 불러일으켰던 진주 6·17시위는 6월항쟁의 열기를 가열·확산시킨 중요한 사건이었다.

그러나 이후 서울의 시각에서 씌어진 6월항쟁 기록물들은 이 두 가지 시위에 대해 하나의 '에피소드' 이외의 의미를 부여하지 않고 있다. 지역의 관점에서 지역사람들이 6월항쟁의 역사를 다시 써야 하는 이유가 바로 이것이다.

등장인물

이용석 정민화 박인준 김문규 정홍기 한철수 김진식 박진해 주대환 유위종 정인권 정성기 옥정애 최갑순 박성원 강정근 김용년 제부원 서익진 박영주 이태수 이선관 최순임(고경엽) 이재업 김종철 황주석 이상익 신석규 김종석 김동민 김성진 진현경 허태유 박유호 김경영 오갑수 김영찬 유동훈 정일근 민경미 김우용 이돈열 김법수 여태훈 허윤영 허태유 이봉재 엄영운 임준택 허홍 김정문 강미숙 고지형 이중수 신성욱 최둘래 최난실 배충환 이기동 전강석 하경보 박영곤 최재기 주형식 조창래 정대성 김금성 권춘현 김현규 유경호 임수태 표만수 이상모 정쌍은 정찬용 유성일 허정도 이병철 정현찬 문기훈 한희진 한대수 이태환 하경보 조영래 하대출 정창기 박철민 진홍근 문진헌 배진구 정혜란 고승하 허진수 김정석 문경범 신덕우 박희근 김명길 이학용 박성철 황호남 정동화 이경숙 이종엽 이호성 문성현 이석행 최병석 주재석 이배근 최성묵 문부식 김은숙 김현장 정호진 김정석 김양숙 이영환 박명희 이용한 서일미 이응석 김영식 이병훈 허성학 도원호 김영숙 조성국 천규석 심재덕 유영봉 이종창 허철수 정명환 박은영 권재명 표정숙 이영주 박종현 이인식 안종복 정익화 노옥희 정병권 최행진 서형석 김용택 송기학 이경희 김정의 박경남 황금 감정기 강인순 김남석 김선광 김연희 김용기 김재현 김종덕 김학범 명형대 박종근 박창원 손진우 송갑준 신동순 심지연 안승욱 여성구 유장근 유창국 유희수 이강옥 이승현 이지우 이훈 정상윤 조인성 최덕철 최상안 최유진 강대성 강재대 고석남 곽상진 김명순 김완 김유철 김준형 김중섭 김해영 박재홍 백좌흠 송기호 송무 이심성 이영석 이창호 장봉규 정병훈 정성진

정진상 정진주 정헌철 최태룡 김영주 김학수 민병위 박문정 송병주 옥원
호 윤성진 이호열 임영일 조태남 최영규 현외성 김영선 진홍금 박호선 강
영로 이소위 송복수 유송자 김순자 최명숙 문서원 김재연 이경순 김귀남
예숙이 안문애 조종순 박말순 오재영 이금선 박재순 장정순 이영선 정영
순 배두선 박군자 유정순 전진자 김도애 박명희 송향섭 이경숙 이경희 이
영회 임혜숙 최경화 하효선 김인자 김영옥 문성윤 유승희 이연숙 정미라
진성화 최갑순 이경옥 허인정 신혜자 오정선 황홍점 박미덕 박경희 정진
업 조성래 정완희 유동렬 김종우 이윤석 이윤도 김시옥 천정식 홍윤영
강경윤 정동주 이성우 선동욱 강병기 문갑현 황미란 민경애 최증현 한명
자 박재한 전정효 김종석 전선희 이승철 박종섭 이곤섭 박철 손성기 김
광일 김석좌 노무현 도현 문재인 박두환 배진구 서정술 송기인 신은근
심응섭 오수영 원오 유영봉 이두호 이종창 정순구 조재영 진우 최용진
허봉 허성학 혜조 허재우 여영국 정광희 전창현 한명철 권호준 강창훈
이성룡 염성용 정용수 김진갑 서종 박철민 박재혁 조재석 유해춘 한용
덕 이윤호 이은진 정신화 조종주 김언묵 박동주 이상원 공명탁 박효섭
염영일 심재홍 조창섭 박문원 김용환 박광현 김상훈 송영웅 김영수 이
원필 김상훈 최병철 김진호 신혜자 민병기 민긍기 이지훈 서정근 홍성군
김광철 이영석 김지화 염재상 동성식 정영애 박홍규 황인창 김춘복 김해
화 정규화 강삼재 이홍록 황창호 우창남 이재명 이상걸 김인식 김현태
하용훈 손준호 백찬기 진광현 최익호 전녹수 오태열 황선윤 이종명 왕세
근 김병수 하곤 신용우 남기한 이광희 박영휘 하호용 유관갑 황보인 엄
용호 이승홍 여진 이순항

이춘성 김춘수 이은상 정목일 박재두 이광석 이월수 설창수 추창영 이
중 이경민 박원근 홍숙자 김용대 김동인 이해랑 조경희 윤한도 의현 김
영구 심성재 조익래 박정명 박봉식 박종택 최위승 이성근 배대균 추한식
이광주 최종렬 이상기 김만열 박재규 곽정환 남홍 장충남 황문규 허남
오 박중효